红

庆祝中国共产党成立100周年

The 100th Anniversary of the Founding of The Communist Party of China

万山红遍

百年大党的湖南征程

组织编写　湖南省地方志编纂院

主编　江　涌

人民东方出版传媒
東方出版社

本书得到湖南省哲学社会科学基金项目资助

本书编委会

看万山红遍　听历史涛声

目　录

c o n t e n t s

湘江北去

引言

细若虚无的雾丝，漫不经心地附吸在瑶乡林中的大小叶面上，它们聚集融汇，终于抱合成一个晶圆的水珠儿，透着亮，映着绿，间或还闪着光，然后天命般自由落体，在树根的周围响起一丝微弱的润物细声，这声音只有林叶或苔绿才能感知到。水珠儿落体时不再保持刚才的圆润与晶莹剔透，以碎裂自己的勇气洇湿脚下这片土地。

这是个静悄悄的过程，甚至连旁枝上吸吻着甘露的七星瓢虫们都不曾听到这声音。接着又有千树万树的细叶与阔叶，执着地重复着这圆润的融合与飘落。水珠儿接续地润湿，成了这片森林的不绝音符，而这亿万斯年执着交响的音符所成就的乐章，化着丝丝细流，化着脉脉沟流，化着淙淙溪流，不断地、不断地汇聚、融合，终于成就了一条通向远方的河流。

这是湘水之源，湘江之源。

这里是湖南永州的蓝山县。蓝山丛林中的细流没有想到自己汇聚的积累会成为一条北去的巨流之源，更不会想到它将成为近7000万湖湘儿女的母亲河，成为一条流淌着诗情画意、人文风光与历史厚载的千里大江。

大江在聚汇，人杰在聚首。

湖湘之所以伟大，是因为有广承天雨的胸怀；湘江之所以壮阔，尤在于

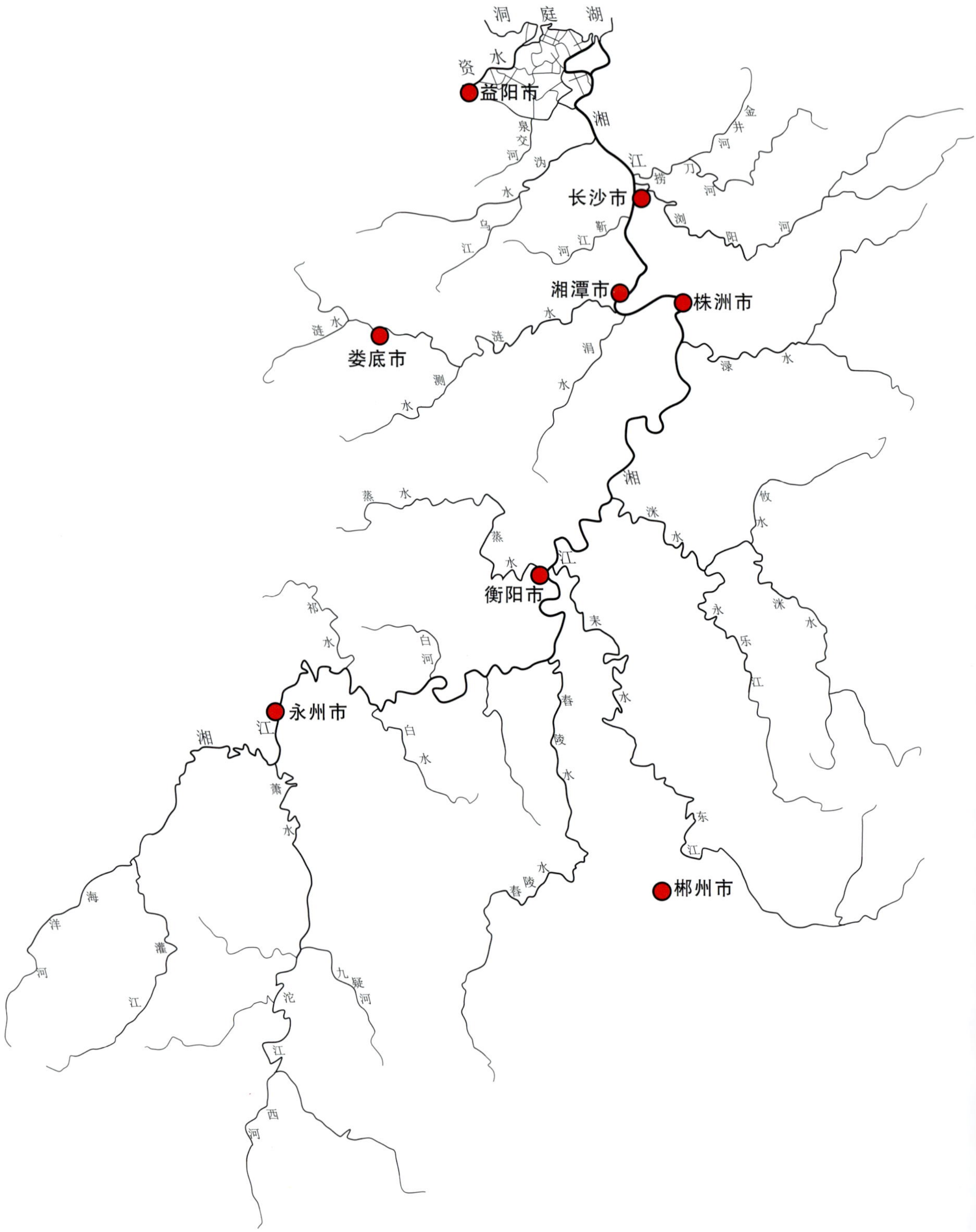

★ 湘江水系图

审图号：湘 S(2021) 055 号

接纳百川的勇气。

在既往史志的叙事中，湘江是从广西出发的，发源之地为海洋坪，即今之广西桂林市临桂区海洋坪龙门界。所叙江水之主源出自海洋河，在流至广西兴安分水塘后，经灵渠导引，辟为两支：其西支注漓水，润湿八桂风情；东支主流北向，经斗牛岭入永州，是为湘水之源。

而新说则有不同，经遥感探测技术测得，湘江之源，源自蓝山。蓝山位于九嶷东麓，巍峨苍莽，傲然兀立。今有庵铭者为诗曰，“百里蓝山锁翠微，寻幽揽胜入烟扉”。蓝山人喜欢用杜甫那首“蓝水远从千涧落，玉山高并两峰寒”形容自己的山水。湖南蓝山千涧细流的聚合，注定要成为大江北去的第一波涛声。

溪流出蓝山而下，碧水湟湟，清风飒飒，一路迎溪纳涧，不舍细流。经零陵以纳潇水加持，于菱河而接舂陵汇入。鱼黄米灿，橙黄橘青。至衡阳又汇蒸水入注，举步间更获耒水相牵。自此河道宽阔，夹岸风光；鱼肥雁瘦，千里荷香。

湘水继续奔腾。越衡山而得洣水，过株洲渌水伴行。春秋如画，漫江景致。湘潭之涓水清清，涟水之柔情脉脉，一并邀入，而成大流。同江水以为互唱，共激扬以宽胸襟。波涛惊河岸，无风可听诗；千里扬帆风带雨，万世江声说春秋。

浏阳河、靳江河、捞刀河，河河汇聚；浮洲烟似岛，泊岸水连村，星沙江畔的风情，奉上所有的惊喜，送别往来的艳羡。江水更清柔，江声更动听，过新康而纳沩水，越濠河而入大湖。一路江声过长沙，一路欢歌下洞庭！

水是这样的水，人亦是这般的人。

湘江奔泄而来，又一路北上而去，多少湖湘子弟同饮一江，同涉一川。他们童年的书声与呐喊，注入了大江的多情色彩与粗犷性格。他们伴江涛而成长，听江声而作息。湘江的胸怀涵育着他们的性格，在漫长的浸润中，一连串闪光的名字，把大江的历史照亮。

就更远古一些而言，东汉耒阳人蔡伦的造纸术，让世界记住了中国人的智慧；唐代长沙人欧阳询的书法，使书写符号的汉文字成了当世中华最美的风景线。北宋道县人周敦颐以一首《爱莲说》让理学增添了君子的高雅圣洁，掬花香满手，莲爱生清辉。而明末思想家的衡阳人王夫之，使哲学戴上了批判的盔甲，其朴素辩证法思想光辉照亮古今，泽被湖湘后学。至于清末湘军首领湘乡人曾国藩，以及近现代谭嗣同、唐常才、黄兴、蔡锷等，他们就是杨度《少年歌》中“若道中华国果亡，除非湖南人尽死”的砥柱中流，是大江东去的千古人物，是“我以我血荐轩辕”的血性男儿！

至于现当代湘水之畔的动人故事，就如同打开了丹青的画卷，那些闪光的名字，让每一个中国人闻其名而肃然起敬，听其声而热血沸腾。《潇湘神韵》评弹中一弦一声的旋律，让听者动容、骄傲顿生——

不唱那毛泽东浏阳河畔播火花，
不唱那刘少奇花明楼前燃火把；
任弼时蔡和森立三耀邦和李达，
夏明翰杨开慧左权郭亮邓中夏。
忘不了贺龙元帅帐前挑灯读兵法，
忘不了彭大将军立马横刀走天涯。
军旗上有多少湖南的热血对天洒，
国歌里回荡着湖南的呐喊和拼杀！

歌声中的“任弼时”“贺龙元帅”并非生于湘江边，但仍在不远之侧。

★ 长沙橘子洲头（湖南日报记者李健 摄）

任弼时，岳阳汨罗人；贺龙，张家界桑植人。一个出生在汨罗江畔，一个长成于澧水之滨。但这丝毫不影响他们声震天下。因为湖湘弟子，注定是要仗剑天涯的，只因为他们听的是湖湘的风，闻的是岳麓的道。可以这样说，湘、资、沅、澧四水，外加汨罗江，共同赴约于洞庭湖的召唤，这就构成了三湘英才聚会、四水金册题名的人才大画卷。

1925 年的深秋，寒冷霜重，站立在湘江橘子洲头的青年毛泽东，憧憬着中国革命的未来，评估着将要开辟的事业之艰辛，不禁感而慨之。他于“独立寒秋”之际所看到的江景、所感悟的人生、所憧憬的事业，一言难尽。问江江不语，苍茫大地，谁主沉浮？江涛拍岸，战鼓催征，毛泽东或有所悟：“湘江北去……”

多年后我们再来解读毛泽东的这句诗，可能是湘江边的客观状态，或又是两年后“烟雨莽苍苍”前的豁然顿悟。

湖南 21.18 万平方公里大地上，地貌多样，地势起伏，叠宕如涛，一如马蹄形态。举湘江流域为例，从上俯瞰可见一长条形盆地，向北呈倾注之势。东、南、西三面高山环绕，崇岭峻生，南边以南岭山地及东南面的武功山、八面山等较为高峻，海拔高程在 1300 ~ 2000 米，八面山最高处达

2042 米。西面湘、资二水的分水岭海拔高程相对较低，在 900 ~ 1200 米。中部和北部低平，多为丘陵、盆地、河谷，直至洞庭湖平原，水如镜、地如格，玉鉴琼田三万顷，何其壮阔之盛。

向北的湘江显示出不凡的执拗，显示出执拗中的追求与不舍。

山是这样的山，水是这样的水，人是这样的人。

山水灵性，必附于人。所谓一方山水养一方人，湖湘山川的性格定然会内植于它所养育的儿女的身心。因之我们可以看到大山般的性格，看到秀水般的柔情。对于这片土地上“我自横刀向天笑，去留肝胆两昆仑”的壮烈，对于这里“半条被子”带来的世纪温暖，都可以找到文化的基因与法理的根由。

中华文化在形容能举大事者性格时，总以“山般坚毅，水般柔和”赞其倜傥，褒其宽纳。这就是湖南人性格的真实写照。是这一片山水成就了湖南人的坚毅，养育了人性的柔和。他们爱民族、爱国家；他们追求真理、崇尚正义。是这一片特殊的土壤，养育出了湖湘精神；是这一种精神的鼓召，还原了“楚虽三户”的英雄壮烈。因之一个特别能战斗、能付出、能奉献的湘人群体在三湘大地、在历史坐标上敞开了伟大情怀！

★ 岳麓书院门联:“惟楚有材，于斯为盛”

翻开湖南的历史画卷，这一片热土上的故事无不让人骄傲。湖南人不仅造就了半部中国近代史，湖南人的热血更是书写了中国现代史的壮丽篇幅、华彩章节。韶山冲的思考，花明楼的探索，汨罗江的践行，使得五大书记湖南独占三元。而“延安五老”有三位来自三湘大地、四水之滨。将星闪耀，文武呈堂，中央军委 1989 年和 1994 年确定的 36 名中国当代军事家中，湘籍军事家占 15 席；共和国开国将帅中，一口湘音的军人队伍里，元帅 3 名、大将 6 名、上将 19 名、中将 45 名。湖南人民为中国革命的付出，镌刻在共和国的英烈榜上，15 万名在册烈士的伟绩所架起的高山般的丰铭大碑，让世界感受到这一片英雄土地的不屈与呐喊，让后人铭记这山川云水之间曾轰鸣过的历史涛声。

“惟楚有材，于斯为盛。”2020 年金秋，习近平总书记来到了岳麓山下的湖南大学校园，提到了校园里岳麓书院的这对门联。这是借古人之语对三湘楚地人才集群的礼赞，是对当下湖南在百年大变局中奋斗的激励，是对“经世致用”的湖湘名片的重新擦亮。

回望这座千年学府的历史，眼前走过的是陶澍、魏源、曾国藩、左宗棠、胡林翼、郭嵩涛、谭嗣同、杨昌济、蔡锷、陈天华…… 他们都曾经是岳麓书院正式或旁听的学生，他们的丰功伟绩，成就了高山，成就了大湖，成就了中华文明的精神巅峰。

湖南的山，湖南的江；湖南的水，湖南的人。

“挥毫当得江山助，不到潇湘岂有诗。”湖南的山是峻峭的山，湖南的水是灵性的水，湖南的人是有情的人。这灵性交织而成的，就是天下为公的恒永抱负，是天下己任的大爱情怀。

有湘江北去的执着，方有万山红遍的新中国，

让我们一起走过，看万山红遍，听历史涛声！

站起

二十八年的星月转换，
二十八秋的乾坤挪移！
全换作天安门广场庆典的喜泪。
站起来！
『中国人民从此站起来了！』
长空浩浩、天音如雷，
化着青山碧水、彩旗飘飞。

站起来了的中国啊，
你威风八面、江山娇丽！
站起来了的人民啊，
高昂着尊贵的头颅，
把寻梦、筑梦的步伐走起……

序诗

站起来

湘江的涛声，
滚荡过昨天的惊雷；
岳麓的枫红，
染醉了苍山的晨夕。

文静的课堂，搬进了安源的矿巷，
秋收的田野，遍插呐喊的义旗。
三湘的热血，燃点成红色的火炬，
镰刀斧头，在党旗下迅速聚集。

南昌城的枪声，终结完积久的压抑，
沙洲村的棉被，温暖了远征的疲惫；
延河多情，军民抱团深情无限扛大义，
赶考在途，终不忘西柏坡的初心与教诲……

第一篇

红色热土

CHAPTER
ONE

1921年的中国，风云激荡，山雨欲来。辛亥革命的枪声已经响过了十年，旧的帝制已经被推翻，而新的希望并未如期到来，中国社会与民众还在沉沉的黑夜中挣扎、叹息。

整个世界都在等待。一个不太经意的时间节点出现了。7月23日，上海，一个并不让人注目的地点：法租界望志路106号（今兴业路76号），一个开天辟地的大事变发生了——中国共产党第一次全国代表大会在此开幕。

中国革命的航程由此开启。国内各地党的早期组织和旅日党的早期组织共有13名代表出席大会，他们代表着全国的50多名党员。毛泽东、何叔衡作为长沙共产党早期组织的代表参加会议。出席党的一大的13名代表平均年龄不到28岁。这是一次年轻人的会议。最年长的何叔衡不过45岁，最年轻的刘仁静只有19岁……以后改变整个中国面貌的中国共产党，最初就是由这样一群年轻人建立起来的。

大会进行到7月30日晚，会场突然遭到暗探的闯入，被迫休会。最后一天的会议转移到浙江嘉兴南湖的一艘游船上举行。党的一大宣告了中国共产党正式成立，波澜壮阔的中国革命掀开了新的篇章。

★ 浙江嘉兴南湖红船

时间是最真实的记录者，也是最伟大的书写者。

1949 年 9 月 21 日，北平。中国人民政治协商会议第一届全体会议隆重开幕。毛泽东同志用湖南口音在开幕式上向全世界宣布："我们的工作将写在人类的历史上，它将表明：占人类总数四分之一的中国人从此站立起来了。"①

2016 年 7 月 1 日，北京。习近平总书记在庆祝中国共产党成立 95 周年大会上强调："中国产生了共产党，这是开天辟地的大事变。这一开天辟地的大事变，深刻改变了近代以后中华民族发展的方向和进程，深刻改变了中国人民和中华民族的前途和命运，深刻改变了世界发展的趋势和格局。"②

历史是未来的钥匙，时间是真理的挚友。

2017 年 10 月 25 日，党的十九届中央委员会第一次全体会议新选出的中央政治局常委同中外记者见面。习近平总书记在讲话时指出："中国共产

① 《毛泽东文集》第五卷，人民出版社 1996 年版，第 343 页。
② 习近平：《在庆祝中国共产党成立 95 周年大会上的讲话》，人民出版社 2016 年版，第 2 页。

★ 在党的一大会议上

陈逸飞 邱瑞敏
油画 |1977 年
中国美术馆 藏

党立志于中华民族千秋伟业，百年恰是风华正茂！”[①] 俗话说，“有三岁之翁，有百岁之童”，决定中国共产党人精神面貌的，从来不是时间的长短，而是使命的力量。

千秋伟业，百年只是序章。世纪荣光，青春中国无疆。

2021年——中国共产党成立100周年。

百年犹未老，世纪正青春。百年大党始终充满活力，就在于其既是马克思主义执政党，也是马克思主义革命党。

惟楚有材，于斯为盛。红色湖南，热土潇湘。湖南人民在中华民族的解放事业中付出了巨大的牺牲，涌现了一批伟大的共产党人。他们的丰功伟绩，永垂史册；他们的革命精神，历久弥新。

---

① 《习近平关于“不忘初心、牢记使命”论述摘编》，党建读物出版社、中央文献出版社2019年版，第238页。

★

第 一 节

改造中国与世界

★ 《共产党宣言》德文第一版书影（左）、陈望道译《共产党宣言》（右）

1848 年 2 月 24 日，《共产党宣言》正式出版。《共产党宣言》是 30 岁的马克思和 28 岁的恩格斯为共产主义者同盟起草的关于科学共产主义的第一个纲领性文献，更是一篇激荡人心的战斗檄文：“共产党人不屑于隐瞒自己的观点和意图。他们公开宣布：他们的目的只有用暴力推翻全部现存的社会制度才能达到。让统治阶级在共产主义革命面前发抖吧。无产者在这个革命中失去的只是锁链。他们获得的将是整个世界。”[①]《共产党宣言》的出版，标志着马克思主义的诞生，它犹如壮丽的日出，照亮了人类探索历史规律和寻求自身解放的道路。

2018 年 5 月 4 日，在纪念马克思诞辰 200 周年大会上，习近平总书记特别指出：“实践还证明，马克思主义为中国革命、建设、改革提供了强大思想武器，使中国这个古老的东方大国创造了人类历史上前所未有的发展奇迹。”[②]

《共产党宣言》因其思想的深邃性、宣言式体裁和通俗特质得以

① 《马克思恩格斯选集》第一卷，人民出版社 2012 年版，第 435 页。
② 习近平：《在纪念马克思诞辰 200 周年大会上的讲话》，人民出版社 2018 年版，第 14 页。

广泛传播，是全球使用最广的社会政治文献，对国际共产主义运动和人类历史发展产生了深远影响，一经问世就震动了世界。

1917 年 11 月，列宁领导十月革命取得成功，在资本主义最薄弱的链条上打开了一个缺口，建立了世界上第一个社会主义国家，实现了社会主义从理论到实践的伟大飞跃。十月革命的成功让各国无产阶级革命和民族解放运动看到了希望。

李大钊慨言："试看将来的环球，必是赤旗的世界！"[①] 新民学会是湖南天空上"第一面赤旗"，是中国五四运动时期如雨后春笋般成长的进步社团中发起最早、影响最大的社团，是湖南反帝反封建的领导核心。学会初以"革新学术，砥砺品行，改良人心风俗"为宗旨，后确定以"改造中国与世界"为宗旨。

济济新民会，风云一代英。以毛泽东、蔡和森为代表的新民学会会员，发挥研究和宣传马克思主义的先锋和桥梁作用，并与形形色色的反马克思主义开展论争，扫除了传播马克思主义的障碍，扩大了马克思主

① 《李大钊全集》第二卷，人民出版社 2006 年版，第 263 页。

★ 新民学会旧址

义的影响。同时，他们向工农群众宣传马克思主义，用马克思主义指导工人运动，为马克思主义在湖南的传播奠定了阶级与群众基础。

新民学会为中国共产党的创立奠定的基础则在中国共产党成立后得到加强和发扬，学会的宗旨“改造中国与世界”也被传承下来。“时机到了！世界的大潮卷得更急了！洞庭湖的闸门动了，且开了！浩浩荡荡的新思潮业已奔腾澎湃于湘江两岸了！顺他的生，逆他的死。”[①]1919 年 7 月 14 日，毛泽东主编的《湘江评论》在长沙问世。李大钊称赞《湘江评论》为当时中国最有分量、见解最深的刊物。

毛泽东在《创刊宣言》中慷慨陈词：“自‘世界革命’的呼声大倡，‘人类解放’的运动猛进，从前吾人所不置疑的问题，所不遽取的方法，多所畏缩的说话，于今都要一改旧观，不疑者疑，不取者取，多畏缩者不畏缩了。这种潮流，任是什么力量，不能阻住。任是什么人物，

① 中共中央文献研究室、中共湖南省委《毛泽东早期文稿》编辑组编：《毛泽东早期文稿》，湖南人民出版社 1990 年版，第 294 页。

中華民國八年七月十四日（星期一）（第一版）

湘江評論

The Shian Kian Weekly Review

創刊號

湖南學生聯合會

每號銅子二枚 外埠大洋二分 郵費在內

創刊宣言 澤東

自「世界革命」的呼聲大倡，「人類解放」的運動猛進，從前吾人所不置疑的問題，所不遽取的方法，多所畏縮的說話，於今都要一改舊觀，不疑者疑，不取者取，多畏縮者不畏縮了。這種潮流，任是什麼力量，不能阻住。任是什麼人物，不能不受他的軟化。

世界什麼問題最大？吃飯問題最大。什麼力量最強？民衆聯合的力量最強。什麼不要怕？天不要怕，鬼不要怕，死人不要怕，官僚不要怕，軍閥不要怕，資本家不要怕。

自文藝復興，思想解放，「人類應如何生活？」成了一個絕大的問題。從這個問題，加以研究，就得了「應該那樣生活」「不應該這樣生活」的結論。一些學者倡之，大多民衆和之，就成功或將要成功許多方面的改革。

見於宗教方面，爲「宗教改革」，結果得了信教自由。見於文學方面，由貴族的文學，古典的文學，死形的文學，變爲平民的文學，現代的文學，有生命的文學。見於政治方面，由獨裁政治，變爲代議政治。由有限制的選舉，變爲沒限制的選舉。見於社會方面，由少數階級專制的黑暗社會，變爲全體人民自由發展的光明社會。見於教育方面，爲平民教育主義。見於經濟方面，爲勞獲平均主義。見於思想方面，爲實驗主義。見於國際方面，爲國際同盟。

各種改革，一言蔽之，「由強權得自由」而已。各種對抗強權的根本主義，爲「平民主義」。（兌莫克拉西，一作民本主義，民主主義，庶民主義。）宗教的強權，文學的強權，政治的強權，社會的強權，教育的強權，經濟的強權，思想的強權，國際的強權，絲毫沒有存在的餘地。都要借平民主義的高呼，將他打倒。

如何打倒的方法，則有二說，一急烈的。一溫和的。兩樣方法，我們應有一番選擇。（一）我們承認強權者都是人，都是我們的同類。濫用強權，是他們不自覺的謬誤與不幸，是舊社會舊思想傳染他們遺害他們。（二）用強權打倒強權，結果仍然得到強權。不但自相矛盾，

★ 《湘江评论》

不能不受他的软化。”[1]《湘江评论》第二期至第四期连载了毛泽东的重要文章《民众的大联合》，折射出毛泽东对中国革命如何改造国家、挽救社会所做的新探索。他在文中大声疾呼：“我们中华民族原有伟大的能力！压迫愈深，反动愈大，蓄之既久，其发必速。我敢说一怪话，他日中华民族的改革，将较任何民族为彻底。中华民族的社会，将较任何民族为光明。中华民族的大联合，将较任何地域任何民族而先告成功。”[2]

湖南清绝地，万古一长嗟。潇湘间无土山，无浊水，民乘是气，往往清慧而文。

一方水土养一方人。

国学大师钱基博在《近百年湖南学风》中写道：“湖南之为省，北阻大江，南薄五岭，西接黔蜀，群苗所萃，盖四塞之国。其地水少而山

① 中共中央文献研究室、中共湖南省委《毛泽东早期文稿》编辑组编：《毛泽东早期文稿》，湖南人民出版社 1990 年版，第 292 页。

② 中共中央文献研究室、中共湖南省委《毛泽东早期文稿》编辑组编：《毛泽东早期文稿》，湖南人民出版社 1990 年版，第 394 页。

多，重山迭岭，滩河峻激，而舟车不易为交通。顽石赭土，地质刚坚，而民性多流于倔强，以故风气锢塞，常不为中原人文所沾被，抑亦风气自创，能别于中原人物以独立。人杰地灵，大儒迭起，前不见古人，后不见来者，宏识孤怀，涵今茹古，罔不有独立自由之思想，有坚强不磨之志节。”[①]

著名历史地理学家谭其骧赞叹："清季以来，湖南人才辈出，功业之盛，举世无出其右。"[②]

湘山楚水，如此多娇；钟灵毓秀，文以化人。

屈子问天，上下求索。临沅湘之玄渊兮，遂自忍而沉流。

谭嗣同变法，戊戌喋血。四万万人齐下泪，天涯何处是神州。

这是天问之问；这是历史之问；这是时代之问。

吃得苦、耐得烦、霸得蛮、不怕死，经世致用、兼收并蓄、心忧天下、敢为人先，湖湘文化薪火传承，淬炼出湘籍革命家的初心与底色。

---

① 钱基博：《近百年湖南学风》，岳麓书社 1985 年版，第 1 页。

② 《谭其骧全集》第一卷，人民出版社 2015 年版，第 309 页。

1920年2月29日，由湖南旅沪各界人士创办的《天问》周刊在上海出版。7月4日，《天问》周刊第23号，刊登了声援湖南驱逐军阀张敬尧运动的文章《湖南人民的自决》，文章提出："社会的腐朽，民族的颓败，非有绝大努力，给他个连根拔起，不足以言摧陷廓清。"[1]

文章署名为"泽东"，这是毛泽东在上海所写。是年5月，毛泽东以"驱张"代表团成员的身份，从北京到上海。5月8日，毛泽东在上海半淞园举行旅沪新民学会会员会议，欢送赴法勤工俭学的会员，并讨论学会工作。这就是著名的半淞园会议。

新民学会成立之初，提出"会友向外发展""对于留法运动认为必要，应尽力进行"，并确定"和森和子升专负进行之责"。与此同时，湖南报纸也不断传出组织留法活动的消息。《大公报》发表《告湘学界》时评，号召"吾湘莘莘学子，其速起而图之"。蔡和森曾言："吾人之穷极目的，惟在冲决世界之层层网罗，造出自由之人格，自由之地位，自由

① 中共中央文献研究室、中共湖南省委《毛泽东早期文稿》编辑组编：《毛泽东早期文稿》，湖南人民出版社1990年版，第486页。

★ 蔡锷

之事功。”①

奋发图强、化成天下，首要任务便是开民智、造新人。1871年，开洋务运动先河的湖南人曾国藩，与李鸿章联衔上奏朝廷：“拟选聪颖幼童送赴泰西各国书院学习军政、船政、步算、制造诸学，约计十余年，业成而归，使西人擅长之技，中国皆能谙悉，然后可以渐图自强。”②1897年发布的《湖南时务学堂缘起》曰：“吾湘变，则中国变；吾湘立，则中国存。用可用之士气，开未开之民智。”“广立学校培植人才为自强之计。”③1915年，袁世凯复辟帝制，湖南人蔡锷发誓要为四万万人争人格，被誉为“再造共和第一人”。

康济时艰，传道济民；先贤流芳，生生不息。1920年6月28日，毛泽东在《湖南改造促成会复曾毅书》中言：“呜乎湖南！鬻熊开国，

① 《蔡和森文集》上册，人民出版社2013年版，第27页。

② 《同治十年七月十九日大学士两江总督曾国藩等奏》，《筹办夷务始末》同治朝卷第82卷，第46页。

③ 《湖南时务学堂缘起》，《知新报》第32册，光绪二十三年九月初一日。

稍启其封。曾、左吾之先民，黄、蔡邦之模范。”①

屈贾之乡，潇湘洙泗；湘人崛起，独领风骚。在中国共产党诞生前，国内有上海、北京、武汉、长沙、济南、广州六个共产党早期组织；国外有法国巴黎、日本东京两个旅法、旅日华人共产党早期组织。计有党员50多名，其中湖南籍党员20人，除武汉、济南共产党早期组织中没有湖南人外，其他都有湘籍党员。

1920年7月6日至10日，留法勤工俭学的新民学会会员在法国蒙达尼公学集会，会上共同确定学会的方针为“改造中国与世界”。蔡和森在会上“主张激烈的革命，组织共产党，实行无产阶级专政，即仿效俄国十月革命的方法”。他还同李维汉等商量过“准备成立一个共产党”的问题。“后来因为忙于参加和领导求学运动的斗争，未能实现。”②

湖南留法勤工俭学学生除人数众多之外，尚有两件事引人瞩目。一是女子结伴赴法，被新闻界称为“中国女界之创举”。二是有两个“老

① 中共中央文献研究室、中共湖南省委《毛泽东早期文稿》编辑组编：《毛泽东早期文稿》，湖南人民出版社1990年版，第490页。

② 李维汉：《回忆与研究》上册，中共党史资料出版社1986年版，第16、19页。

★ 徐特立

学生”。徐特立当时 43 岁，葛健豪当时 54 岁。

位于法国蒙达尔纪雷蒙特列街 15 号的三层法式公寓，见证了这段历史。2016 年 8 月 27 日，湖南首个也是唯一一个海外主题纪念馆——中国旅法勤工俭学蒙达尔纪纪念馆正式免费对外开放，展示了 20 世纪 20 年代前后中国旅法勤工俭学运动的历史原貌。

1920 年，长沙共产党早期组织成立。小组成员除毛泽东、何叔衡外，尚有彭璜等人。长沙共产党早期组织成立后，常以群众团体或个人名义领导宣传、组织、工运等各项革命活动。潮宗街，长沙有名的麻石街。1920 年 8 月，毛泽东、易礼容在潮宗街开办长沙文化书社，易礼容任经理，毛泽东任特别交涉员。为了使有价值的书报杂志广泛传播至全省，书社还在平江、浏阳、武冈、宝庆（今邵阳）、衡阳、宁乡、溆浦设立分社，在湖南第一师范、楚怡小学、修业学校等处设立了贩卖部。

文化书社通过在长沙和各地的分社、贩卖部大量发行革命进步书刊报纸，对湖南的知识界及青年学生起到了极为深远的影响，特别是把马克思主义传播到湖南各地，唤醒并提高了湖南青年的革命觉悟。文化书社营业员陈子博经常将《劳动界》等刊物送到湖南黑铅炼厂、造币

★ 1920 年葛健豪（前排左二）在法国

厂、电灯公司等工人中去。黑铅炼厂一位名叫罗谷荪的钳工，读了《劳动界》，懂得了被压迫被剥削的原因，认识了社会的黑暗，他在《大公报》上刊发了《工头的黑暗》一文：黑暗、黑暗、黑暗，这是什么世界到了。马克思呀，你到我们中国来吗，这种十层地狱的日子实在难过呀。

工人，觉醒了！

1921 年 8 月，为了宣传马克思主义，培养党的干部，毛泽东、何叔衡和船山学社社长贺民范，利用船山学社的社址和经费，创办了湖南自修大学，贺民范任校长。毛泽东任教务主任，实际负领导责任，并亲自起草了《湖南自修大学创立宣言》《湖南自修大学组织大纲》。湖南自修大学的创设，是中国共产党成立后自办党校，培养干部的第一次尝试，它的组织形式、办学宗旨、教学内容和方法，都与古代书院和传统的旧大学有本质的区别，开创了教育革命的新纪元。

由于自修大学的任务是培养造就革命人才，虽然对招生对象的知识储备和经济基础要求较低，但对其思想觉悟和社会理想要求不一般。《湖南自修大学入学须知》要求考查学生"对于人生观的主张""对于社会的批评"等项目，并明确规定自修大学学员求学的目的在于改造社

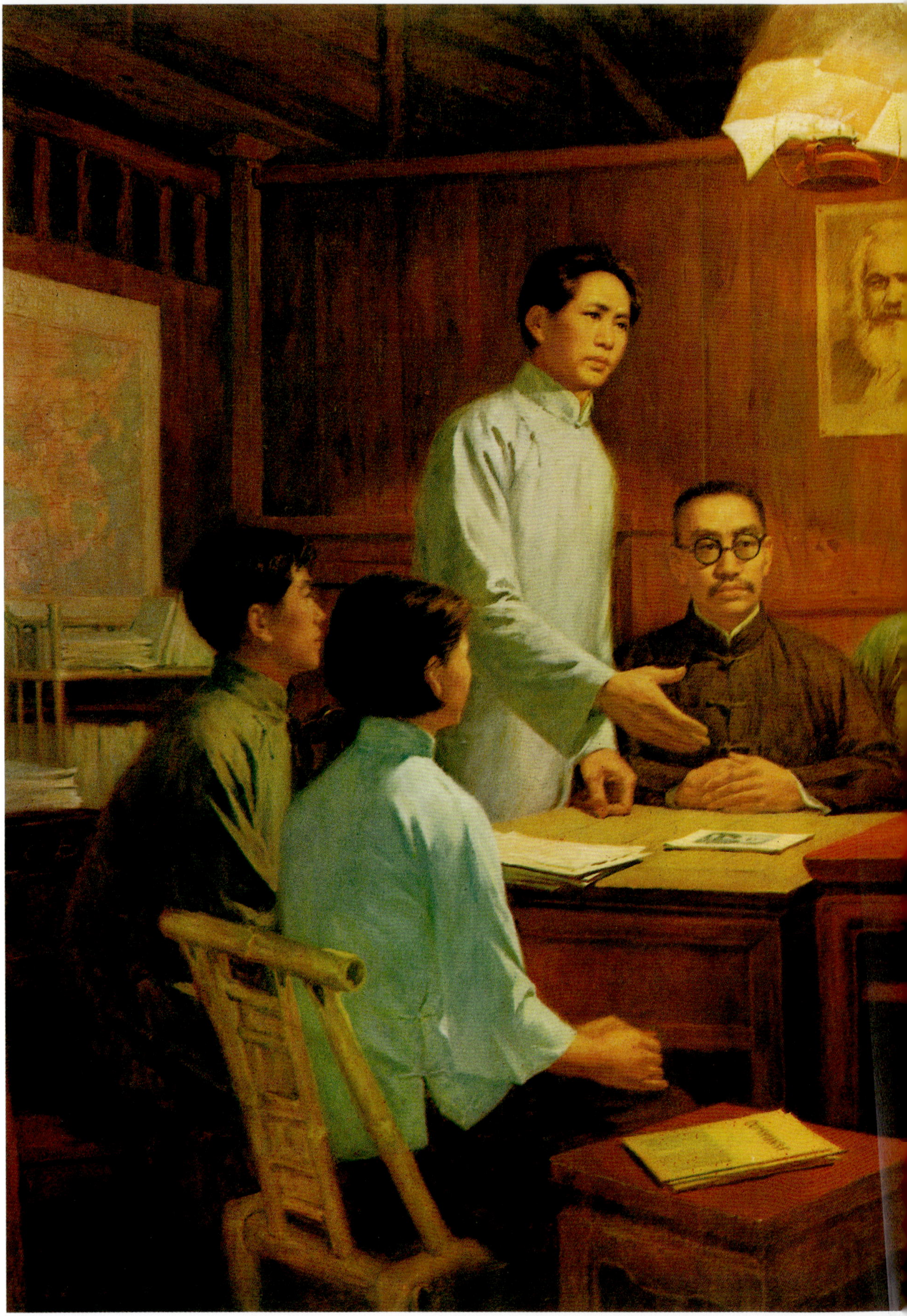

★

长沙共产党早期组织

周树桥

油画 — 1973年

中国国家博物馆 藏

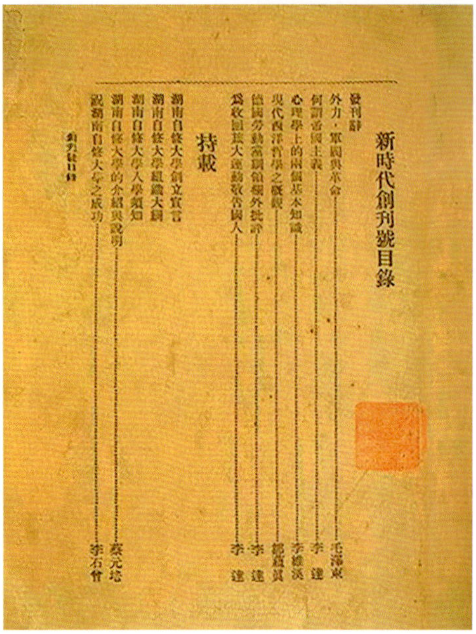
新時代創刊號目錄

發刊詞
外力、軍閥與革命……毛澤東
何謂帝國主義……李　達
心理學上的兩個基本知識……李維漢
現代西洋哲學之概觀……[illegible]
德國勞動黨綱領欄外批評……李　達
爲收回[illegible]大運動敬告國人……李　達

特載

湖南自修大學創立宣言
湖南自修大學組織大綱
湖南自修大學入學須知
湖南自修大學的介紹與說明……蔡元培
說湖南自修大學之成功……李石曾

創刊號目錄

★ 《新时代》创刊号目录

会。第一个报名入校的是后来成为革命烈士的共产党员夏明翰。为满足一般知识青年和青年工人的要求，1922 年 9 月，自修大学又新增了附设补习学校。附设补习学校初办时有学生 114 人。自修大学还创办理论性杂志《新时代》，经常翻译一些马克思主义经典著作，以及刊登运用马克思主义观点探讨和分析中国革命问题的文章。

一个时代有一个时代的主题，一代人有一代人的使命。百年洗礼，唯有奋斗。新时代是奋斗者的时代。正如马克思所讲："历史把那些为共同目标工作因而自己变得高尚的人称为最伟大的人物；经验赞美那些为大多数人带来幸福的人是最幸福的人。"[1]

中国共产党，成立初期急需一批具有较高素质的革命干部。湖南自修大学的创办，正是为了适应这一革命形势和实践需要。1921 年 10 月 10 日，中国共产党第一个省级支部——中共湖南支部成立后，首先就在湖南自修大学、湖南第一师范等学校发展了一批党员。中共湖南支部书记是毛泽东，支部有何叔衡、易礼容、陈子博、彭平之等，湖南人

---

① 《马克思恩格斯全集》第一卷，人民出版社 1995 年版，第 459 页。

民的革命斗争有了坚强的领导。1922 年 5 月，中共湖南支部改为中共湘区执行委员会，毛泽东任书记。1923 年 4 月，毛泽东调中央工作后，李维汉接任书记。1925 年 11 月，中共湘区执行委员会改称中共湖南区执行委员会，1927 年 5 月正式改称中共湖南省委员会。

中国共产党成立后，就把组织工会、领导工人运动作为党的中心工作，以期健全党的阶级基础。

党的一大通过的决议，明确规定“本党的基本任务是成立产业工会”，“工人学校是走向组织工会途中的一个阶段，所以必须在一切工业部门中成立这种学校”，“学校的基本方针是提高工人的觉悟，使他们觉得有成立工会的必要”。毛泽东“猛烈地推动工会工作”，1921 年 11 月，组建中国劳动组合书记部湖南分部，亲自兼任分部主任，领导成员有易礼容、罗君强。李立三回湖南后参加分部的领导工作。

1920 年 9 月，决心“全力以赴地投入工人运动”的黄爱从上海回湘后，与在湖南甲种工业学校的挚友庞人铨联络，以“改造物质的生活，增进劳工的知识”为宗旨，组织湖南劳工会，发动工人起来为争取自己的权利和自由而斗争。11 月 21 日，湖南劳工会在长沙教育坪召开成立大会，到会的有机械、针织、藤竹、土木等10个工人团体，甲种、乙种工业学校学生2000人，会员达7000人。

湖南劳工会从筹办之日起就受到陈独秀和长沙共产主义者的支持。劳工会成立，黄爱向陈独秀报告情况，并寄去章程。关于劳工会的活动，黄、庞经常找毛泽东、何叔衡商议。

湖南劳工会成立一周年时，毛泽东发表《所希望于劳工会的》一文，热情赞颂“劳工会这一年来的艰难缔造，在湖南劳动运动史上已写完了头一叶。我愿这第二叶上写的要大不同于第一叶：材料更丰富，意义更新鲜，章法、组织更美备”。[①] 在毛泽东的建议下，湖南劳工会进行改组。黄爱、庞人铨也抛弃无政府主义，接受马克思主义，加入了社会主义青年团。

1922年1月13日，黄爱、庞人铨领导湖南第一纱厂工人发动大罢工，遭到反动军阀赵恒惕政府的残酷镇压。1月17日凌晨，25岁的黄爱、庞人铨在浏阳门外识字岭下被敌人杀害。

---

① 《毛泽东文集》第一卷，人民出版社1993年版，第6页。

黄爱、庞人铨是最早为无产阶级事业牺牲的工运领袖。在毛泽东的主持下，湖南各界代表为黄、庞烈士两次举行追悼大会。中国留日学生田汉等人在东京召开追悼会。追悼会公启：中国没有真正的劳工团体，有之从湖南劳工会起。中国没有劳动运动的牺牲者，有之从黄爱、庞人铨两人起。在法国的周恩来得知黄、庞被害，写下《生别死离》一诗：

壮烈的死，
苟且的生。
贪生怕死，
何如重死轻生！
生别死离，
最是难堪事。
别了，牵肠挂肚；
死了，毫无轻重，
何如作个感人的永别！

没有耕耘，
哪来收获？
没播革命的种子，
却盼共产花开！
梦想赤色的旗儿飞扬，
却不用血来染他，
天下哪有这类便宜事？[1]

李大钊在《黄庞流血记》序中写道："中国社会运动史的首页，已由黄、庞两先生用他们的血为我们大书特书了一个新纪元！"[2]

湖南第一次工运高潮，是从粤汉铁路工人大罢工开始的。1922年5月，中共粤汉铁路新河支部成立。8月，毛泽东派郭亮到岳州领导铁路工人运动。郭亮在陆汉湖等人的协助下，成立粤汉铁路岳州工人俱乐

① 中共中央文献研究室、南开大学编：《周恩来早期文稿》下卷，中央文献出版社、南开大学出版社1998年版，第453—454页。

② 《李大钊全集》第四卷，人民出版社2006年版，第62页。

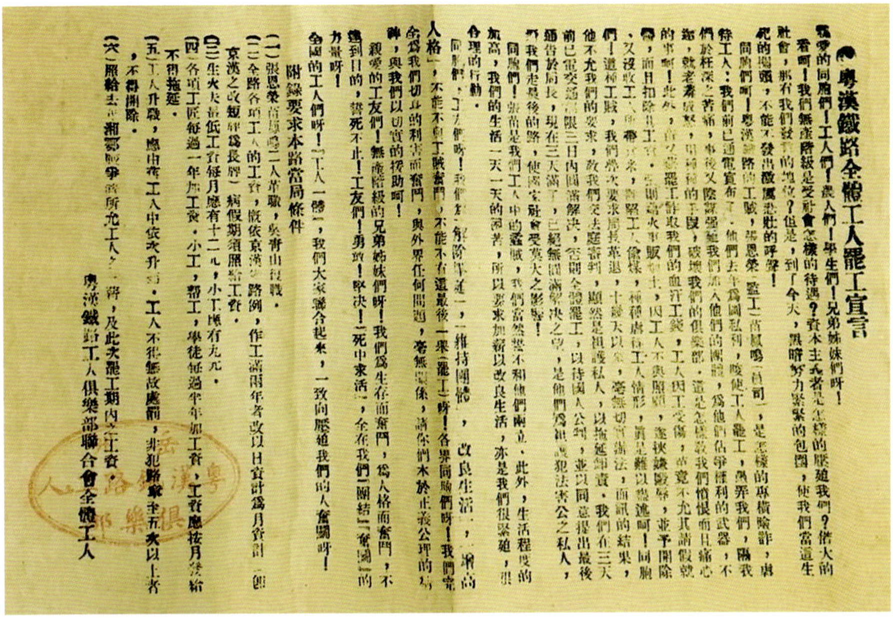

粵漢鐵路全體工人罷工宣言

親愛的同胞們！工人們！農人們！學生們！兄弟姊妹們呀！看呵！我們無產階級是受社會怎樣的待遇？資本主義者是怎樣的壓迫我們？偌大的社會，那有我們發[illegible]的地位？但是，到了今天，黑暗努力緊緊的包圍，使我們當這生死的關頭，不能不發出激厲悲壯的呼聲！

同胞們呵！粵漢鐵路的工賊，張恩榮（監工）苗鳳鳴（[illegible]司），是怎樣的專橫險詐，專待工人：我們前已通電宣布了。他們去年爲圖私利，唆使工人罷工，愚弄我們，[illegible]我們於枉深之苦痛，事後又陰謀强迫我們加入他們的團體，爲他們佔爭權利的武器，不遂，就老羞成怒，用種種的手段，破壞我們的俱樂部。這是怎樣致我們憎恨而且痛心的事啊！此外，[illegible]工賊[illegible]取我們的血汗工資，工人因工受傷，竟竟不允其請假就醫，而且扣除其工資。[illegible]火車販[illegible]，因工人不與照顧，遂挾嫌毆擊，並予開除。又設收工[illegible]，種種虐待工人情形，眞是難以盡述呵！同胞們！這種工賊，我們屢次要求局長革退，十幾天以來，毫無切實辦法，而試的結果，他不允我們的要求，致我們受法庭審判，顯然是袒護私人，以拖延卸責。我們在三天前已電交通部限三日內圓滿解決，否則全體罷工，以待國人公判，並以同意提出最後通告於局長，現在三天滿了，已經無圓滿解決之望，是他們爲袒護犯法害公之私人，逼我們走最後的路，使國家社會受莫大之影響！

同胞們！張苗是我們工人中的蟊賊，我們當然誓不和他們兩立。此外，生活程度的加高，我們的生活一天一天的困苦，所以要求加薪以改良生活，亦是我們很緊迫，很合理的行動。

同胞們，「工友們呀！我們爲「解除痛苦」，「維持團體」，「改良生活」，「增高人格」，不能不與工賊奮鬥，不能不有這最後一舉（罷工）呀！各界同胞們呀！我們完全爲我們切身的利害而奮鬥，與外界任何問題，毫無關係，請你們本於正義公理的[illegible]神，與我們以切實的援助呵！

親愛的工友們！無產階級的兄弟姊妹們呀！我們爲生存而奮鬥，爲人格而奮鬥，不達到目的，誓死不止！工友們！勇敢！堅決！「死中求活」，全在我們「團結」「奮鬪」的力量呀！

全國的工人們呀！「工人一體」，我們大家聯合起來，一致向壓迫我們的人奮鬪呀！

附錄要求本路當局條件

（一）張恩榮苗鳳鳴二人革職，吳青山撤職。

（二）全路各項工人的工資，概依京漢[illegible]路例，作工滿兩年者改以日資計爲月資計（但京漢之改短班爲長班）病假期須照給工資。

（三）生火夫最低工資每月應有十二元，小工應有九元。

（四）各項工匠每過一年加工資。小工，幫工，學徒每過半年加工資，工資應按月發給，不得拖延。

（五）工人升職，應由有工人中依次升遷。工人不得無故處罰，非犯路章至五次以上者，不得開除。

（六）照給去年湘鄂戰爭時所[illegible]工人之[illegible]資，及此次罷工期內之工資。

粵漢鐵路工人俱樂部聯合會全體工人

★ 粤汉铁路全体工人罢工宣言

部和文化补习夜校。他以流畅的语言、生动的文字唤醒工人“不靠天、不靠地，全靠自己救自己。工人结成团，形成铁锤头，砸烂旧世界”。9月9日，在郭亮的领导下，粤汉铁路工人高举着“为生存而战”“为人格而奋斗”的旗帜，举行了大罢工。粤汉铁路工人的罢工斗争是具有重大历史意义的革命斗争。通过这次罢工运动，粤汉铁路的工人运动，在各地党组织的组织下，由过去单纯经济斗争发展到政治斗争，由办工人夜校发展到建立俱乐部，再由俱乐部正式成立工会，进而发展为统一的工会组织，成为铁路工人运动的指挥部。罢工斗争同工会发展相结合，又进一步推动了铁路工人运动，为早期党的建设和发展，打下了阶级基础和思想基础，在中国工人运动和中国革命斗争的历史上写下了光辉的篇章。

安源，中国工人运动的摇篮、湘赣边界秋收起义的策源地和爆发地，被誉为中国的“小莫斯科”和“无产阶级的大本营”。

由于当时江西还没有共产党的组织，安源路矿（江西萍乡煤矿和株萍铁路的合称）与湖南联系密切，因此发动安源工人革命运动的责任，也落到了中共湖南党组织的肩上。

★ 毛泽东和安源矿工

侯一民
油画 | 1976 年
中国国家博物馆 藏

1921 年秋天，毛泽东以走亲访友的名义第一次来到安源，准备在安源发动工人运动。随后，毛泽东又派李立三去安源常驻，先后在工人中建立起社会主义青年团组织。

1922 年 2 月，中共安源路矿支部成立，李立三任支部书记。5 月 1 日，在中共安源路矿支部领导下，安源路矿工人第一次举行盛大集会和游行。为了纪念国际劳动节，工人俱乐部宣告成立，李立三被推选为主任。为了加强罢工斗争的领导力量，中共湘区委员会和毛泽东派刚从苏联回国的刘少奇赶赴安源，协助李立三领导安源路矿工人大罢工。9 月 11 日，安源路矿工人俱乐部向路矿当局提出三项要求，且要求限期答复，否则举行罢工，并向全国发出快邮代电，呼吁全国各工团和社会各界声援。

罢工前夕，根据毛泽东的指示，安源党支部和工人俱乐部召开会议，制定罢工斗争的具体方案，成立了罢工指挥部，李立三担任罢工总指挥；朱少连担任罢工副总指挥，协助李立三工作；刘少奇担任工人俱乐部全权代表，常驻俱乐部应付一切，同时俱乐部还扩大了工人纠察队，成立了工人侦探队。1922 年 9 月 14 日凌晨，安源路矿工人俱乐部发出罢工命令，并致电汉冶萍公司宣布罢工，震惊中外的安源路矿工人大罢

★ 毛主席去安源

刘春华
油画 | 1967 年
中国建设银行广州分行 藏

★ 刘少奇和安源矿工

侯一民
油画 | 1960 年
中国国家博物馆 藏

工爆发了。

安源路矿工人大罢工，是中国共产党第一次独立领导并取得完全胜利的工人斗争，是中国工人运动史上的一次伟大壮举，对中国革命作出了一系列具有开创性的重大贡献，创造了多个“第一”：成立了中国共产党在产业工人中建立最早的支部——中共安源支部，成立了全国工运中最早的具有武装性质的工人侦探队，创办了中国共产党最早的经济事业组织——安源路矿工人消费合作社，创办了中国共产党历史上最早的党校——中共安源地委党校。

在此基础上，安源工人俱乐部同粤汉铁路工人联合成立了粤汉铁路总工会，并发起成立了湖南全省工团联合会和汉冶萍总工会，又与湖北全省工团联合会建立了联系。最后，铁路工会联合起来成立了全国铁路总工会筹备委员会，从而大大推动了工人阶级的全国大联合。

水口山，位于常宁市水口山镇，山山有宝、水水含金，被誉为“世界铅都”。1896 年，在“洋务维新、实业救国”思潮影响下，清政府设立水口山铅锌矿局，首开西法采矿、选矿、冶炼之先河，成为中国矿产业的先驱。1920 年，一篇《水口山现况记》的文章写道：“水口山现在的工

★《湖南水口山工人俱乐部纪实》

人之数约计四五千。除机械科有极少数的是外省人外，其余都是湖南人，并且大多数是周围几十里以内的人。个个想维持水口山，好做他们子子孙孙的饭碗，所以他们顺良到了极处，能受那种人所难堪的痛苦。”

1921 年 10 月，毛泽东到衡阳指导建立党的组织，成立了中共衡阳第一个党小组——中共湖南省立第三师范学校党小组，并提出要到水口山矿去，因为那里有很多的工人，工人的革命性是最强的，建党要与工人结合起来，在工人中发展党员、团员，建立党团组织。

1922 年 9 月，安源罢工胜利的消息传到水口山，水口山的工人们受到很大鼓舞，“皆有跃跃欲试不可中止之势”，尤以机械科工人刘东轩、陈枚生、罗同锡等“最为激烈”。11 月 22 日，中共湘区执行委员会派蒋先云、谢怀德、方福胜、李庆余抵达水口山开展工人运动。11 月 27 日，3000 多工人在水口山铅锌矿区的康家溪畔康家戏台成立了湖南水口山工人俱乐部，并于 12 月 5 日开始举行了历时 23 天的大罢工，取得了罢工斗争的伟大胜利。

夏曦在为中国劳动组合书记部印行的《湖南水口山工人俱乐部纪实》“弁言”中总结说：水口山工人在大罢工中“都能牺牲自己，服从团结。这种精神，就是他们战胜敌人的炮火”。中国劳动组合书记部主任邓中夏对此给予高度评价：“中国矿山虽多，唯有全部组织的，只有江西之安源及湖南之水口山二处，而水口山铅矿罢工，其雄壮不亚于安源。”

在党的领导下，水口山工人运动蓬勃发展。1928 年，湘南起义序幕揭开后，水口山 800 多名矿工在宋乔生的指挥下，成功发动矿区武装起义，书写了“八百矿工上井冈”的传奇。

南岳高，涓水长。安源路矿工人罢工和湖南水口山工人罢工后，毛泽东指派工会领导成员、共产党员刘东轩、谢怀德回到他们的家乡衡山县白果开展农运工作。

经过近半年的发动与筹备，1923 年 9 月 16 日，在白果古街刘捷三公祠内，3000 多名会员齐聚一堂，全国第一个工农结合的革命团体——湖南衡山岳北农工会正式成立。成立大会上，通过了关于农民生活要如何改良之决议案、关于农村教育之决议案、关于本会对政府态度之决议案、关于农村妇女的生活要如何改良之决议案。

农工会成立后，派宣传员四处演讲，“将农民如何受大地主及劣绅

★ 岳北农工会会牌

★ 岳北农工会部分领导成员合影

种种苛待压迫，不堪忍受的情况和盘托出”，农民觉悟迅速提高。农工会还领导了阻谷平粜斗争，开展了减租减息、退押等一系列斗争。至10月初，正式入会者有6000多家，人数在40000人以上。

由于岳北农工会冲击了地主阶级的利益，1923年11月25日，军阀赵恒惕派兵镇压岳北农工会，焚毁了岳北农工会会址，抓捕了70多名农工会会员，枪杀了农工代表赵炳炎、周德二、廖芳炳，李玉邕被关进监狱折磨致死，史称“岳北四烈士”。

岳北农工会的成立及其所开展的斗争，开启了工人和农民联合革命的崭新模式，是“工农握手革命”的一次生动尝试，是中国工农联盟的伟大开端；在中国现代农民运动史上有着特殊的地位和重大的贡献，为湖南乃至全国的农民运动点燃了“火种”，树起了一面旗帜，提供了极其宝贵的经验。1927年1月，毛泽东在衡山考察农民运动时，高度评价了衡山农民斗争的创造精神。

“严守机密，服从纪律；牺牲个人，阶级斗争；努力革命，永不叛党！”1924年6月15日晚，中共益阳县兰溪乡金家堤支部成立，欧阳笛渔任支部书记，金家堤支部召开了全体党员会议，新党员郑重宣誓。

★ 中共益阳县兰溪乡金家堤支部成立时的会场旧址（中共益阳市委党史研究室 供图）

中共益阳县兰溪乡金家堤支部是益阳第一个党支部，也是湖南最早建立的农村党支部。

1923 年 11 月，中共党员欧阳笛渔由上海回湖南，与中共湘区区委取得联系后，被派回家乡益阳从事地方党、团创建工作，开展工农运动。不久，在法国勤工俭学的共产党员欧阳泽因病修养也回到了家乡金家堤，参与了党建活动。

党支部建立后，首先发动农民组织农协小组，并于 1925 年 5 月，正式成立了金家堤农民协会。1926 年 10 月，中共益阳地方执行委员会成立。金家堤支部改由地执委领导。

中共金家堤支部的建立，是中国共产党早期党员运用马克思、列宁的建党学说与益阳农村革命实践相结合的尝试，是中国共产党在益阳树立的一面永远飘扬的革命旗帜。它不仅是益阳党的建设发展的开路先锋，也是中国共产党在湖南广大农村建立基层组织创造成功经验的发祥地。

湖南农民运动的深入发展，动摇了反动统治的根基，触犯了国民党右派的私利。1927 年 4 月，蒋介石在上海发动了四一二反革命政变，

5 月 21 日，在新军阀何键的策划下，反动军官许克祥在长沙发动了马日事变，镇压湖南的革命人民。事变后，根据中共湖南临时省委的部署，柳直荀等人发动组织 10 万工农义勇军进攻长沙，揭开了湖南人民以武装斗争反抗国民党进攻的序幕，在湖南人民革命史上写下了光辉的一页。

★

第 二 节

枪杆子里面出政权

★ 毛泽东考察湖南农民运动

詹建俊
油画 | 1975 年
中国国家博物馆 藏

1927 年 1 月 4 日到 2 月 5 日，中共中央农民运动委员会书记毛泽东，回到当时农民运动发展最为迅猛的湖南考察农民运动。将在湖南考察农民运动时的所见所闻、所思所想，写成了《湖南农民运动考察报告》。3 月 5 日，报告最先在中共湖南区委机关刊物《战士》周刊上发表。

在这篇经典文献中，毛泽东指出，革命党人必须极端重视农民斗争，支持农民的革命行动。他强调："革命不是请客吃饭，不是做文章，不是绘画绣花，不能那样雅致，那样从容不迫，文质彬彬，那样温良恭俭让。革命是暴动，是一个阶级推翻一个阶级的暴烈的行动。农村革命是农民阶级推翻封建地主阶级的权力的革命。农民若不用极大的力量，决不能推翻几千年根深蒂固的地主权力。农村中须有一个大的革命热潮，才能鼓动成千成万的群众，形成一个大的力量。"[1]

《湖南农民运动考察报告》是无产阶级及其政党领导农民革命斗争的纲领性文献，在历史的紧要关头，为革命进一步指明了方向，推动了农村大革命运动的继续发展。

---

① 《毛泽东选集》第一卷，人民出版社 1991 年版，第 17 页。

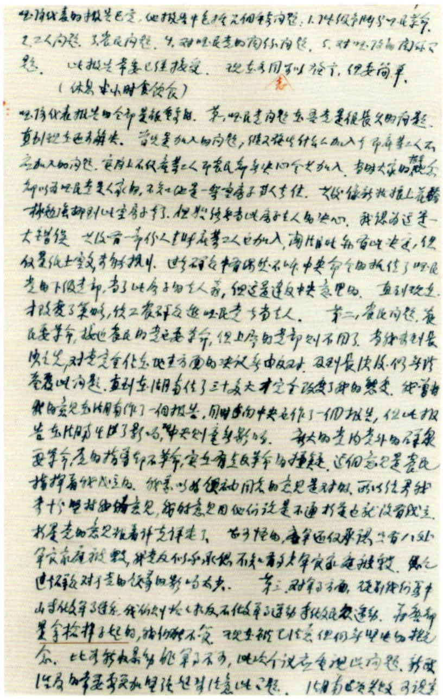

★ 八七会议记录中枪杆子标记

就在这一年，国民党内部结束两派内斗局面，迎来“宁汉合流”。蒋介石和汪精卫先后叛变革命，南京国民政府与武汉国民政府合并，重组中央委员会，达成“一致反共”共识。

在这生死存亡的紧要关头，1927 年 8 月 7 日，中共中央在汉口俄租界召开紧急会议，亦即八七会议，会议由瞿秋白、李维汉主持。由于当时环境极其险恶，会议只秘密召开了一天。

毛泽东破除了“素以为领袖同志的意见是对的”之观念，在发言中从国共合作、农民问题、军事问题和党的组织四个方面批评陈独秀的右倾错误，着重指出：秋收暴动非有军事不可，党要非常注意军事问题，“须知政权是由枪杆子中取得的”。[1] 毛泽东提出的“枪杆子里面出政权”这一著名论断，由此成为指导中国革命几十年的响亮口号。

八七会议的召开，充分展示了中国共产党对理想信念的坚定执着，充分展示了中国共产党探索革命正确道路的顽强意志，充分展示了中

① 中共中央文献研究室编：《毛泽东年谱（一八九三—一九四九）》（修订本）上卷，中央文献出版社 2013 年版，第 206 页。

国共产党不断完善自我的政治勇气。

会后，主持中央工作的瞿秋白征求毛泽东去上海中央机关工作的意见，毛泽东表示，不愿去大城市住高楼大厦，愿到农村去，“上山结交绿林朋友”。尔后，他把自己的理论付诸实践，发动和领导了湘赣边界秋收起义，率部上了井冈山，创立了中国第一块农村革命根据地，点燃了“工农武装割据”的“星星之火”，开辟了“农村包围城市、武装夺取政权”这一中国革命正确的道路。

1927 年 5 月 21 日，长沙，国民党反动军阀何键指使国民革命军第三十五军第三十三团团长许克祥发动马日事变，对湖南共产党人和工农群众进行血腥屠杀。

6 月中旬，毛泽东在汉口召集柳直荀等从湖南逃亡出来的工农干部开会，要求大家“回到原来的岗位，恢复工作，拿起武器，山区的上山，滨湖的上船，坚决与敌人做斗争，武装保卫革命”。

6 月 24 日，中央政治局常委会决定成立以毛泽东为书记的新的湖南省委，柳直荀为委员。毛泽东立即赶赴长沙，从事恢复党的组织关系的工作，打通长沙附近各县及衡阳、常德等地同省委的联系。毛泽东偕柳直荀到衡阳召集会议，强调“要用武力来对付反动军队，以枪杆子对付枪杆子”。

7月4日，中央政治局在武汉举行常委会议，会议着重讨论湖南农民协会和农民自卫武装应当如何对付敌人的搜捕和屠杀，陈独秀、李维汉、毛泽东、蔡和森、柳直荀、周恩来等9人出席会议。毛泽东再次明确提出“上山”思想，认为农民自卫武装“上山可造成军事势力的基础”，“不保存武力则将来一到事变我们即无办法”。

8月初，毛泽东在武汉为中共中央起草《湘南运动大纲》。《湘南运动大纲》是我党第一篇反映“枪杆子里面出政权”“工农武装割据”的文献。

在《湘南运动大纲》中，毛泽东第一次把“上山”和“枪杆子里面出政权”思想具体化和系统化了，还设想了“枪杆子里面出政权”的基本实践形式是武装割据，进而提出倘若斗争失败，革命武装应当上山以保存力量。《大纲》指出：“湘南特别运动以汝城县为中心，由此中心进而占领桂东、宜章、郴州等四五县，成一政治形势，组织一政府模样的革命指挥机关，实行土地革命，与长沙之唐政府对抗，与湘西之反唐部队取连络。”[①] 中共临时中央常委会通过了《湘南运动大纲》。

8月3日，中共中央发出融入了《湘南运动大纲》主要思想的《关于湘鄂粤赣四省农民秋收暴动大纲》。《大纲》对湖南省提出的具体要求是："准备于不久时期内在湘南计划一湘南政府，建设革命政权及一切革命团体，在广东革命委员会指挥之下。现即须组织湘南特别委员会受省委指挥，于交通不灵通时得有权独立指挥此委员会所能活动的地方工作。"[②] 湘南特委以毛泽东为书记，夏曦、郭亮、任卓宣为委员。

但是，当时湘南局势逆转，国民党军大量涌入湘南，突然袭击了汝城的自卫军，镇压了农民运动，革命力量遭到严重破坏。

8月18日至30日，毛泽东出席在长沙市郊沈家大屋召开的中共湖南省委会议，讨论贯彻八七会议确定的新策略，制订湘赣边界秋收起义计划。

1927年9月9日，34岁的毛泽东领导的秋收起义在湘赣边界爆发。

---

① 中央档案馆编：《秋收起义（资料选辑）》，中共中央党校出版社1982年版，第27页。

② 中共中央文献研究室、中央档案馆编：《建党以来重要文献选编（一九二一——一九四九）》第四册，中央文献出版社2011年版，第383—384页。

为铭记这段历史，毛泽东曾挥毫写下著名的《西江月·秋收起义》：

军叫工农革命，
旗号镰刀斧头。
匡庐一带不停留，
要向潇湘直进。
地主重重压迫，
农民个个同仇。
秋收时节暮云愁，
霹雳一声暴动。

1986年9月，人民文学出版社出版《毛泽东诗词选》，这首词才正式发表。编者根据毛泽东修改稿，将“修铜”改为“匡庐”，将“便向平浏直进”，改为“要向潇湘直进”。

秋收起义的原定计划是在修水、铜鼓、安源同时发起暴动，分头进攻平江、萍乡、醴陵、浏阳等，待各路胜利后，合力攻打长沙。因敌强我

★ 秋收起义　何孔德 高泉 纪晓秋 陈玉先

油画 | 1973 年

中国人民革命军事博物馆 藏

★ 毛泽东《星星之火，可以燎原》

弱，起义军屡受重创。

9月14日，毛泽东毅然决定改变计划，命令起义各部迅速到浏阳文家市集中。9月19日，3路起义部队集结文家市。在这里，亮出了工农革命军第一面鲜艳的镰刀斧头红旗！当晚，前敌委员会在里仁学校召开会议，作出了一个事关中国革命前途的重大决定：根据敌强我弱的情势，改变攻打长沙计划，到敌人统治力量薄弱的农村去，开展武装斗争，建立革命根据地。毛泽东还形象地打了一个比喻鼓舞士兵："我们好比一块小石头，蒋介石好比一口大水缸，我们这块小石头总有一天要砸烂蒋介石那口大水缸的！"此次会议作出了一个果断而大胆的决定。它实际上开始了一次具有历史意义的转变，揭开了探索不同于俄国十月革命道路的中国独特的革命道路的序幕。文家市点燃的"星星之火"，最终在全国形成了"燎原之势"。

毛泽东在发动和领导秋收起义时，坚持实事求是，一切从实际出发，找到了一条适合中国国情的中国革命道路。实事求是是中国共产党思想路线的核心内容，是马克思主义活的灵魂，是毛泽东思想的精髓。中国革命、建设和改革的成功之路，就是马克思主义中国化的成功之路。而马克思主义中国化所以能胜利推进，靠的是我们党实事求是思想路线的引领。2020年9月17日，习近平总书记考察湖南大学岳麓书院时，充分肯定了岳麓书院实事求是思想传统与教育传统对毛泽东实事求是思想形成的影响。

1916年至1919年，毛泽东曾寓居于岳麓书院的半学斋，深受岳麓书院实事求是风气的影响。1930年5月，毛泽东写作的《反对本本主义》一文，可以说是实事求是思想形成的标志。毛泽东主张“共产党人从斗争中创造新局面的思想路线”，实际上就是把马克思主义的理论同中国革命实际相结合的路线。1941年，毛泽东在《改造我们的学习》中对实事求是予以阐释：“实事”是客观存在着的一切事物；“是”是客观事物的内部联系，即规律性；“求”就是我们去研究。1943年，毛泽东同志在延安为中央党校题写“实事求是”四个大字。从此实事求是成为中央党校的校训。1945年，党的七大将实事求是正式写入党章。毛泽东把实事求是与马克思主义有机结合起来，升华成为党的思想路线。正因为我们党始终坚持了实事求是思想路线，我们才能够不断地从胜利走向更大的胜利，走向更加光明的未来。

★ 三湾改编

许宝中 李泽浩
油画 |1977 年
中国人民革命军事博物馆 藏

1927 年 9 月 29 日，毛泽东率领工农革命军到达江西永新三湾村后，进行了著名的三湾改编，确立了“支部建在连队”的原则，成为建设一支无产阶级领导的新型人民军队的伟大开端。

由于当时各个连队士兵中党员极少，这项原则并没有真正得到贯彻落实。于是，在连队战士中发展党员，尤其是在工农出身的战士中发展党员，就成了落实支部建在连上的首要任务。

10 月 14 日，毛泽东率部到达酃县（今炎陵县）水口。部队在这里进行了一周的休整。毛泽东一边开展社会调查，一边对部队进行军事训练，着手连队建党。恰在这时，发生了原师长余洒度、三团团长苏先骏擅自离队出走及一排士兵在排长煽动下集体逃走的事件，使毛泽东深感自上而下建立党的核心、加强党的思想政治工作尤为迫切。就在部队进驻水口的第二天，毛泽东便召集团、营、连党代表开会，研究连队建党工作。会上，根据各连党代表提名，决定批准几个表现好且坚决要求入党的士兵入党。当天晚上，毛泽东在水口叶家祠亲自主持了赖毅、欧阳健、李恒、鄢辉等 6 名士兵的入党宣誓仪式，并在党员最多的一营二连建立党支部。随后，各连也相继建立党支部。由于有了党的领导核

★ 支部建在连上

高泉
油画 |1977 年
中国人民革命军事博物馆 藏

心，战士的革命热情更加高涨，逃跑事件很少发生。毛泽东在《井冈山斗争》一文中总结说："红军所以艰难奋战而不溃散，'支部建在连上'是一个重要原因。"①

2017 年 8 月 1 日，习近平在庆祝中国人民解放军建军 90 周年大会上的讲话中指出："党对军队绝对领导的根本原则和制度，发端于南昌起义，奠基于三湾改编，定型于古田会议，是人民军队完全区别于一切旧军队的政治特质和根本优势。千千万万革命将士矢志不渝听党话、跟党走，在挫折中愈加奋起，在困苦中勇往直前，铸就了拖不垮、打不烂、攻无不克、战无不胜的钢铁雄师。在风雨如磐的漫长革命道路上，我军将士讲得最多的一句话是：只要跟党走，一定能胜利。忠诚，造就了人民军队对党的赤胆忠心，造就了人民军队和人民的鱼水情意，造就了人民军队为党和人民冲锋陷阵的坚定意志。"②

1927 年 10 月 21 日，工农革命军首克茶陵城，将红旗插上古城墙，

① 《毛泽东选集》第一卷，人民出版社 1991 年版，第 64—65 页。
② 习近平：《在庆祝中国人民解放军建军 90 周年大会上的讲话》，人民出版社 2017 年版，第 6—7 页。

唤醒了长期受压迫的民众，鼓舞了茶陵游击队的斗志。10月27日，起义部队到达罗霄山脉中段井冈山的茨坪，开创了中国共产党领导下的第一个农村革命根据地。

作为井冈山的重要门户和天然屏障，茶陵城在当时有着优良的地理和经济条件，又有较好的党的工作和群众基础，这让毛泽东萌发了经营茶陵的打算。11月18日，工农革命军由第一军第一师第一团团长陈皓、第一营党代表宛希先率领，以李炳荣为前导，第二次攻占茶陵城，随即成立新县政府。但由于思想准备不足和实践经验缺乏，陈皓不做群众工作，仍按照旧政府的样子升堂办案、纳税完粮。毛泽东当即给予严厉批评，指示成立工农兵政府，发动群众斗争。根据毛泽东的指示，经过民主酝酿，从工会、农会和士兵委员会中分别推选出谭震林、李炳荣、陈士榘3名代表，组成新政府常委，谭震林任主席。1927年11月28日，茶陵县工农兵政府召开成立大会，中国第一个红色政权由此诞生。

茶陵县工农兵政府的建立，突破了巴黎公社和俄国十月革命以城市为中心建立革命政权的模式，将马列主义关于革命政权的理论，创造性地运用于中国革命实践，揭开了中国苏维埃运动在农村建立政权的序幕，是毛泽东武装夺取政权的伟大尝试，开创了井冈山根据地建立革命政权的先河，为红色政权的建设积累了重要经验。随后，在根据地各县建立的红色政权，都沿用了“工农兵政府”这一名称。

农奴聚义起烽烟，
晃晃梭镖刺远天。
莫谓湘南陬五岭，
骑田岭上瞩中原。

作为湘南起义的亲历者，萧克将军赋诗《登骑田岭》，描绘了当时“红旗漫卷南天乱，湘南这边红一片”的壮观与豪迈。

1928 年 1 月 12 日，朱德、陈毅率领南昌起义军余部近 800 人从粤北转至湘南宜章县境，同当地共产党组织取得联系，打着国民革命军第 16 军 140 团的旗号，开进宜章县，智取宜章城，逮捕了国民党县政府官吏和豪绅，解除了团防局和警察局的武装，发动群众，开仓济贫，并打开监狱，解救出被关押的共产党人和人民群众，“打响了湘南暴动第

★ 坪石

一炮”。

朱德部公开打出了工农革命军第一师的旗号。1月31日，工农革命军灵活机动，扬长避短，用游击战和正规战相结合的打法，大败国民党军许克祥独立第三师，创造了“以少胜多”的光辉战例。

坪石大捷极大地振奋了湘南工农群众的革命情绪，推动了湘南起义的发展，工农革命军又相继攻克了郴县、永兴、资兴、桂东、耒阳等县城，帮助组建了三个师和两个独立团，并广泛发动群众组织地方武装，建立革命政权，开展了轰轰烈烈的插牌分田运动，革命浪潮波及二十余县，历时3个多月，参加的群众有上百万。

湘南起义一开始就明确提出以土地革命为中心任务，实行耕者有其田政策，开创了武装斗争与土地革命相结合的先例。起义中，起义队伍推进到哪里，就在哪里打土豪、分田地、烧毁田契债券，满足农民对土地的要求。湘南起义中的插牌分田运动是我党土地革命时期较早的土地革命实践，制定的《土地分配法》比《井冈山土地法》还早9个月。插标分田规模之大是空前的。据记载，资兴全县耕田二十万亩，分田达十万亩之多，郴县、耒阳全县的插标分田数也都在百分之六十以上，宜章、永兴、汝城、桂东、桂阳等县都实行了分田。

由于深刻理解了夺取和建立政权的重要性与必要性，朱德、陈毅在领导湘南起义的过程中，将武装斗争与建立政权紧密结合，开展了轰轰烈烈的建立苏维埃政权的运动。宜章、郴县、永兴、资兴、安仁等8个县的苏维埃政府相继成立，同时还建立了各县的区、乡苏维埃政府，建立和恢复了各级农会、妇女会、少先队和儿童团等群众革命组织。中共湘南特委于1928年3月中旬召开工农兵代表会议，成立湘南苏维埃政府，统一领导各县苏维埃政府。

湘南苏维埃政权是土地革命战争时期我党在地区一级的较高层次建立革命政权的首次实践，具有重要的开创意义。

3月下旬，国民党军7个师向湘南地区反扑。为保存革命力量，朱德、陈毅、王尔琢率工农革命军撤出湘南地区，向井冈山革命根据地转移。

为策应从湘南地区撤出的起义军，3月30日，毛泽东率部进入桂东。1928年4月3日，毛泽东针对部队中纪律松弛、作风不正等情况，在桂东沙田集合部队进行纪律教育，向工农革命军正式颁布了“三大纪律、六项注意”。“三大纪律”是：第一，行动听指挥；第二，不拿工

★ “三大纪律，六项注意”颁布地——桂东县沙田镇第一军规广场（湖南日报记者李健 摄）

人农民一点东西；第三，打土豪要归公。“六项注意”是：一、上门板；二、捆铺草；三、说话和气；四、买卖公平；五、借东西要还；六、损坏东西要赔。这些纪律原则正确解决了党与军队、政府与军队、人民与军队、政治与军事的关系，体现了人民军队的本质和特征。“三大纪律、六项注意”后来发展为“三大纪律、八项注意”，成为人民军队的治军法宝，这是党领导下的人民军队最早的、较为系统的治军纲领，被誉为中国人民解放军“第一军规”。

2015 年 1 月 13 日，习近平总书记在第十八届中央纪律检查委员会第五次全体会议上指出：“‘三大纪律、八项注意’就那么几条，很容易记，更容易执行。”[①] 这说明了“三大纪律、八项注意”的生命力，为我们健全党的纪律提供了宝贵经验。

1928 年 4 月 28 日，毛泽东率井冈山工农革命军在砻市与朱德率领的南昌起义余部和湘南农军会师，其后将两支军队合编成工农革命军

---

① 《习近平关于严明党的纪律和规矩论述摘编》，中央文献出版社、中国方正出版社 2016 年版，第 57 页。

★ 井冈山会师

林岗
油画 |1975 年
中国国家博物馆 藏

第四军，不久改名为中国工农红军第四军。全军万余人，枪两千余支，后编为六个团，取消师的编制，由军部直接指挥。红四军党委还决定，抽调一批军政骨干，组成特务连，这个连成为红军第一个特务连，也是后来中央警备团的前身，其主力就是水口山的工人。

朱毛红军胜利会师对红军的创建和发展以及井冈山的武装割据，都有重大意义。两军会合后，不仅革命根据地巩固了、发展了，红军的战斗力大大增强了，而且毛泽东和朱德逐渐把中国革命的一些根本问题，如土地革命的方法、游击战争的战术原则、根据地的政权建设等从实践升华到理论的高度。虽然只是初步的总结，但对以后建立和扩大农村革命根据地，坚决走农村包围城市的革命道路，推动全国革命事业的发展，产生了深远的影响。朱德曾赋诗以纪：

红军荟萃井冈山，
主力形成在此间。
领导有方在百炼，
人民专政靠兵权。

湘南起义为井冈山革命根据地的巩固和发展作出了重大贡献。正如开国上将萧克所说:“历史已经证明,有了湘南起义,才有井冈山会师,才有巩固的井冈山根据地,甚至可以说,才有光辉的井冈山时代。”①

平江县,位于湖南省东北部,与湘、鄂、赣三省交界,毗邻长沙市。汨罗江自东向西贯穿县境,被著名诗人余光中誉为“蓝墨水的上游”。这里是湘楚文化源头之一,也是中国革命的发祥地和中国工农红军的摇篮之一;这里为中国革命牺牲25万人,登记在册的革命烈士有2.1万人,占湖南全省烈士总数的五分之一,走出了苏振华、张震、傅秋涛、钟期光等52位共和国开国将军,是第一批革命老区县和全国第四大将军县。

1923年冬,中共平江支部建立,这是湖南建立的第一个县级党组织。1928年7月22日,彭德怀、滕代远等以大无畏的英雄气概领导发动了平江起义。这是革命低潮时期中国共产党成功地在国民党军队中发动的一次重要起义,它犹如一道闪电划破黑暗的夜空,照亮了湘鄂

① 萧克:《〈湘南起义史稿〉序》,《湘潮》1986年第2期。

★ 平江起义旧址

赣，惊动了全中国。

在平江起义爆发之前，革命力量和反革命势力在平江境内反复拉锯，斗争异常激烈。1928 年 3 月 16 日，平江近 20 万革命群众围攻反动派盘踞的县城，史称“三月扑城”。正是在这样的情形下，湖南军阀所属独立第五师于 6 月份开赴平江，协助反动派“清乡”“剿共”。

进驻平江的独立第五师共有 3 个团，彭德怀是第一团团长。他率部到达平江时已经秘密加入中国共产党，并且联系和发展了数名党员，组建了党委。此时团结在彭德怀身边的党员还有黄公略、邓萍、李灿、张荣生、黄纯一、贺国中、李力、李光等。由于彭德怀的长期努力和党组织的积极工作，一团主要武装力量逐渐为党所掌握，受党影响的还有驻嘉义的三团三营和驻岳州的师随营学校等队伍。平江起义有了思想上、组织上、力量上的准备。

1928 年 7 月 25 日，平江县工农兵苏维埃政府、中国工农红军第五军均宣告成立。新成立的红五军由彭德怀任军长，滕代远任党代表，邓萍任参谋长，下辖 3 个团，共 2500 余人。平江起义后，湖南军阀纠集 6 个团的兵力进行围攻。7 月 30 日，红五军撤出平江，转战于湘赣边地

★ 红一方面军成立旧址——浏阳永和镇李家大屋

区的平江、修水、铜鼓、万载之间。10 月，红五军与地方工农游击队在修水台庄合编为五个纵队。11 月，根据省委指示，黄公略率红五军一部继续在湘鄂边界坚持斗争。1928 年 12 月 10 日，彭德怀、滕代远率红五军 800 余人历尽艰险到达宁冈，与毛泽东、朱德领导的红四军胜利会师。

1929 年 1 月，湘赣两省 3 万敌军对井冈山发动大规模“会剿”。彭德怀、滕代远临危受命，率领由红五军改编的三十团及熟悉井冈山地形的红四军三十二团留守井冈山，同多于自己 20 余倍的敌人展开英勇斗争，掩护红四军主力挥师赣南，为开辟新的革命根据地作出了贡献。

1930 年 8 月 23 日，由朱德、毛泽东领导的红军第一军团和彭德怀、滕代远领导的第三军团在浏阳永和会师，两军合编成立中国工农红军第一方面军，亦称“中央红军”，简称“红一方面军”，是中国共产党缔造和领导的三大主力红军之一。红一方面军的成立，在风雨如磐的革命低潮时期，如乌云翻滚的天空放射出一缕明亮的阳光，在红军发展史上具有里程碑意义。1930 年 9 月至 1931 年 12 月，红一方面军在毛泽东、朱德等的领导下，粉碎了国民党军的三次“围剿”，实现了从以游击战为主向以运动战为主的战略转变，创造出一整套适合中国革命战争特点的战略战术原则。

1931 年 1 月党的扩大的六届四中全会后，以王明为代表的“左”倾教条主义在党的领导机关内开始了长达 4 年的统治。1932 底，蒋介石调集了 30 多个师对革命根据地发动第四次“围剿”。在“左”倾教条主义的支配下，毛泽东的正确主张遭到指责。中央红军在周恩来、朱德的正确指挥下，运用和发展以往反“围剿”的成功经验，取得了第四次反“围剿”的重大胜利，创造了红军战争史上大兵团伏击战的范例。

1933 年下半年，蒋介石调集 100 万军队对革命根据地发动第五次“围剿”，由于“左”倾教条主义的错误领导，红军第五次反“围剿”失败，主力被迫于 1934 年 10 月进行战略转移。

1935 年 1 月召开的遵义会议，结束了“左”倾教条主义在中央的统治，事实上确立了毛泽东在党中央和红军的领导地位，开始确立了以毛泽东为主要代表的马克思主义正确路线在党中央的领导地位，开始形成了以毛泽东为核心的党的第一代中央领导集体。中央红军克服艰难险阻，于 6 月中旬到达四川西北部懋功，同红四方面军会师。会师后，战胜张国焘分裂主义，完成二万五千里长征，到达陕甘苏区，实现了伟大的战略转移。

1937年8月，红军改编为国民革命军第八路军，开赴华北抗日前线。

“一送红军下南山，秋风细雨扑面寒……十送红军转回来，武陵山顶搭高台”“红漆桌子四四方，纸笔墨砚摆中央，有情妹妹等等我，不打胜仗不回乡……”在湖南西北部、贺龙元帅的家乡——桑植县刘家坪村，几乎每一位老人，都能哼上几首与红军长征有关的民歌。

长期以来，包括桑植县在内的湘西地区，人民深受压迫、生活艰难，民风强悍，富于反抗精神和斗争传统。桑植人民追随贺龙闹革命时，他们唱道：“要吃辣椒不怕辣，要当红军不怕杀；刀子架在颈项上，砍掉脑壳只碗大个疤。”

南昌起义失败后，在上海的贺龙和周逸群奉中共中央命令组建了中共湘西北特委。1928年2月29日，湘西北特委的贺龙、周逸群率贺锦斋、卢冬生和张海焘等人到达湘西桑植县洪家关。特委到达桑植后，便着手发动群众，组织革命武装，为武装起义做准备。1928年4月2日，由中共中央直接策划，贺龙、周逸群等领导发动了桑植起义，这是继南昌起义、秋收起义、广州起义之后，中国共产党为挽救革命、反击国民党

★ 桑植县苏维埃政府旧址

反动派白色恐怖的又一次伟大壮举，是对井冈山斗争和湘南、湘东及全国各地武装起义的有力策应和配合。桑植起义创建了红四军，并于 1930 年 7 月与红六军合编为红二军团，这是一支以少数民族为主体的工农红军，进一步扩大了中国共产党及其领导的红军在人民群众中的影响。

桑植起义开辟了湘鄂边苏区，这是大革命失败后中国共产党领导开辟的最早的苏区之一，发展为湘鄂西苏区，与鄂豫皖、湘鄂赣苏区互为掎角，守望相助，起到策应配合的作用，成为土地革命时期全国三大苏区之一。

1934 年 10 月，红二军团和红六军团在湘西会师，并立即发动强大的攻势，以策应中央红军顺利转移。在接下来的近一年时间里，红二军团和红六军团顶着国民党反动派 20 万军队的轮番攻势，一边打土豪分田地，一边壮大革命队伍。

1935 年 11 月 19 日，红二、红六军团（红二方面军）分别在桑植刘家坪和瑞塔铺举行突围誓师大会，贺龙、萧克分别向部队下达突围命令。当晚，红军踏上了伟大的长征路途，突围湘黔边，进军黔西，转战滇黔边，渡江北上，翻越雪山，与红四方面军在甘孜会师。1936 年 7 月，

★ 红军三大主力会师

蔡亮 张自嶷
油画 | 1977年
中国人民革命军事博物馆 藏

红二方面军团结红四方面军坚定北上，穿越草地，横扫陇南，为红军三大主力会师创造条件。1936年10月22日，红二方面军与红一方面军在将台堡会师，红军长征胜利结束。毛泽东曾赞扬红二方面军的长征事迹："你们一万人，走过来还是一万人，没有蚀本，是个了不起的奇迹，是一个大经验，要总结，要大家学。"①

红军长征，在湖南境内先后有红二、红六军团和中央红军转战其间，足迹遍及今湖南9个市州48个县市区的广大地区，谱写了恢宏壮丽的长征史诗。

1934年7月，中央苏区第五次反"围剿"失败后，红六军团第十七、十八两师根据党中央命令撤离湘赣苏区，转移到敌人力量薄弱的湖南中部地区，"发展当地的游击战争与土地革命，直至创立新的苏区"。9月8日，红六军团9000余人在军团长萧克、党中央代表任弼时、军团政委王震的率领下，由广西资源进入湖南省城步县境。此时，敌人已调动大量兵力向城步集结，妄图将红军消灭在城步以东地区。红军

---

① 《中国工农红军第二方面军战史》，解放军出版社1992年版，第508页。

主力在前卫部队掩护下，则沿着湘桂边界的深山峡谷向南山行进。

老山界是通往南山的必由之路，是长征以来最难走的第一座高山，全长 30 华里，最为陡峭之处有 5 华里。其中百步坎地段是在 70 多度的陡壁上雕凿出来的百余级石梯，形似天梯，令人望而生畏。

当红军翻越老山界到达大南山时，红军将士惊奇地发现，出现在眼前的竟是一片绿浪起伏、一望无垠的大草原。军团政委王震望着这亘古荒原，显得豪情满怀："多好的草山啊！革命胜利后，我们一定要在这里办一个大牧场。"

新中国成立后，王震虽然在职务上几经升迁，历任国家农垦部部长、国务院副总理和国家副主席，却一直没有忘记这块神奇的土地，在他的深切关怀和大力支持下，历尽艰难曲折的南山从 1973 年起，终于走上了以牧业为主导产业的发展之路，并由此发生了历史巨变。

1934 年 9 月 14 日，红六军团由绥宁县的黄桑坪进入今通道县的杉木桥。9 月 15 日，正在通过杉木桥小水大坡界山脚下的红六军团十八师被湘军李觉部 55 旅截为两段。红军迅速作出反应，命令 52 团某排 30 余人担任掩护，以保证主力部队突围出去。敌人人多势众，20 多位红军指战员英勇牺牲，最后只剩的 8 名红军战士仍然顽强战斗。为了不当俘虏，8 名红军战士纵身跳下 50 多米高的悬崖，6 名战士当场牺牲，另外 2 名战士身负重伤，后被敌人杀害。他们用生命实践了对党的绝对忠诚。

汝城是中央红军长征入湘第一站。毛泽东长征诗词《十六字令》三首中的第一首："山，快马加鞭未下鞍，惊回首，离天三尺三。"写的即是长征入湘处湘南著名的八面山。毛泽东为此词作注：湖南民谣"上有骷髅山，下有八面山，离天三尺三，人过要低头，马过要下鞍"。毛泽东反其意而用之，以词言志，表达了红军"不下鞍"的坚强乐观和人定胜天的革命意志。

毛岸青和邵华曾这样说到毛泽东和他的诗："父亲是革命家，也是诗人。他的诗，非文人墨客的遣兴之作。'诗言志'，父亲诗中的一题、一景、一人、一事，无不记述着中国革命发展的可歌可泣的英雄业绩。古往今来，有'史诗'一说。父亲的诗篇，连贯起来，可谓中国革命的不朽史诗。"

红军长征作为人类历史上鲜有其匹的一个伟大壮举，一种联结着中国的过去与未来蕴涵丰富的历史事件，它本身就是由中国共产党人集体撰写的一部巨型史诗。红军长征不仅创造了可歌可泣的战争史诗，而且谱写了豪情万丈的精神史诗，铸就了伟大的长征精神。

1934年11月6日，中央红军先头部队抵达湖南省汝城县文明司（今文明瑶族乡），红军卫生部干部团驻沙洲村。

半条被子，温暖中国。

2016年10月21日，习近平总书记在纪念红军长征胜利80周年大会上深情讲述了"半条被子"的故事："一部红军长征史，就是一部反映军民鱼水情深的历史。在湖南汝城县沙洲村，3名女红军借宿徐解秀老人家中，临走时，把自己仅有的一床被子剪下一半给老人留下了。老人说，什么是共产党？共产党就是自己有一条被子，也要剪下半条给老百姓的人。同人民风雨同舟、血脉相通、生死与共，是中国共产党和红军取得长征胜利的根本保证，也是我们战胜一切困难和风险的根本保证。中国共产党之所以能够发展壮大，中国特色社会主义之所以能够不断前进，正是因为依靠了人民。中国共产党之所以能够得到人民拥护，中国特色社会主义之所以能够得到人民支持，也正是因为造福了

★ 郴州市汝城县文明瑶族乡沙洲瑶族村新建“半条被子”纪念标志（胡立强 摄）

人民。”[①]

2020年9月16日，习近平总书记赴湖南考察，首站就来到了沙洲村。习近平对乡亲们说：“‘半条被子’的故事让人民群众认识了共产党，把党当成自己人。正因为有人民群众支持和拥护，我们党才能走过辉煌历程，取得伟大成就。沙洲村是‘半条被子’故事的发生地，今天我专门来这里看望乡亲们。作为一名中国共产党员，我要不断接受教育、接受洗礼。我们党坚持为人民服务，不仅仅是一句口号，而是坚持不懈的实际行动。我们即将全面建成小康社会，接下来要为全面建成社会主义现代化强国而奋斗，让老百姓生活更加富裕、更加幸福。”[②]

在通道转兵纪念馆内，收藏着一担皮箩。当年，通道县流源村12岁的杨昌彬和父亲为湘江战役中受伤的红军战士邱显达治疗腿伤，伤好后，做过篾匠的邱显达织了一担皮箩送给他们作为纪念。

---

① 习近平：《在纪念红军长征胜利80周年大会上的讲话》，人民出版社2016年版，第14—15页。

② 《在推动高质量发展上闯出新路子 谱写新时代中国特色社会主义湖南新篇章》，《人民日报》2020年9月19日。

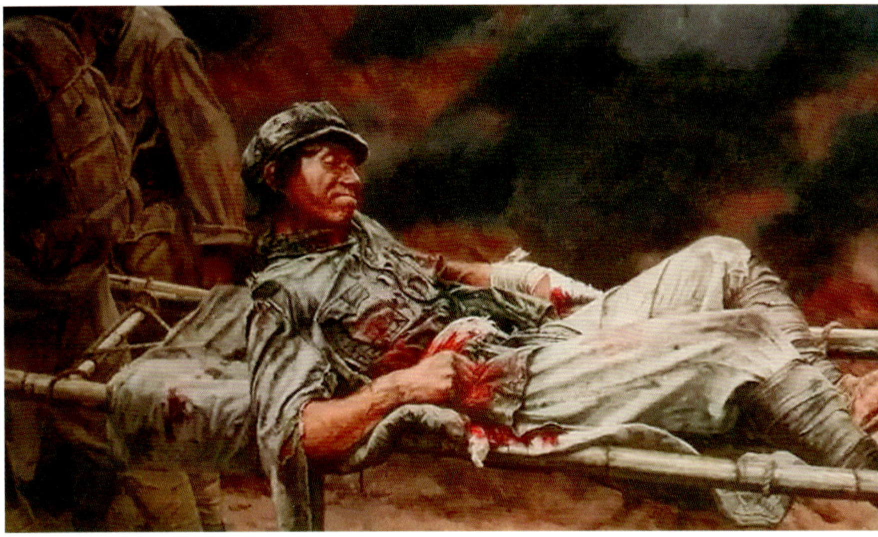

★ 陈树湘

白展望
选自红军长征湘江战役纪念馆基本陈列

1934 年 11 月 27 日至 12 月 1 日，中央红军在湘江上游广西境内的兴安县、全州县和灌阳县，与国民党军苦战五昼夜，最终从全州、兴安之间强渡湘江，突破了国民党军的第四道封锁线，粉碎了蒋介石围歼中央红军于湘江以东的企图。

但是，中央红军也为此付出了极为惨重的代价。部队指战员和中央机关人员由长征出发时的 8 万多人锐减至 3 万余人。担负湘江战役总掩护任务的红三十四师，掩护全军渡过湘江后，于 12 月 2 日进至湘江边上，遭遇敌人封锁，师长陈树湘率余部 300 多人转移至道县、宁远、江华、蓝山之间，最后因腹部中弹被俘。当敌兵押送他至道县四马桥时，陈树湘乘敌不备，从伤口处抠出肠子绞断，壮烈牺牲，“为苏维埃流尽最后一滴血”，时年 29 岁。2009 年，陈树湘入选“100 位为新中国成立作出突出贡献的英雄模范人物”名单。2014 年 10 月 31 日，在福建古田召开的全军政治工作会议上，习近平总书记深情地讲到陈树湘“断肠明志”的英雄壮举和不朽精神，强调“把先辈们用鲜血和生命铸就的优良传统一代代传下去”。

湘江战役是关系中央红军生死存亡的一战，是红军长征中最惨烈之战。中央红军第五次反“围剿”的失败，特别是湘江战役的严重失利，成为“左”倾教条主义军事路线彻底破产的重要标志，为之后召开遵义会议并事实上确立毛泽东在党中央和红军的领导地位，奠定了重要的干部和思想基础。

1934 年 12 月 9 日起，红军分三路进军通道。这时，国民党军为防堵中央红军北上与红二、红六军团会合，在前方摆放了五六倍于红军的兵力。如果不改变原定前进方向，中央红军就有全军覆灭的危险。恰在此时，敌军内部发生了争夺贵州的斗争，从而造成了黔东南的空虚状态。在这个危急关头，毛泽东建议中央红军放弃北上同红二、红六军团会合的计划，立即向西进发。

12 月 11 日，红军先头部队占领通道县城。12 月 12 日，中共中央负责人在通道恭城书院召开紧急会议（史称“通道会议”）。会上，毛泽东转兵西进贵州的正确主张得到周恩来、朱德等与会多数同志的赞同。这是第五次反“围剿”以来，毛泽东第一次在中央有了发言权，也是他的意见第一次得到中央多数同志的赞同。当日 19 时，一个特别标注了“万万火急”字样的电令由中央革命军事委员会向中央红军各部紧急

★ 通道转兵纪念馆广场雕塑（傅黎明 摄）

发出，命令部队“迅速脱离桂敌，西入贵州，寻求机动”。

刘伯承元帅在《回顾长征》中描述：“部队在十二月占领湖南西南边境之通道城后，立即向贵州前进，一举攻克了黎平。当时，如果不是毛主席坚决主张改变方针，所剩三万多红军的前途只有毁灭。”①

通道临时会议促成了通道转兵，使中央红军暂时摆脱了险境，在万分危急关头挽救了红军，挽救了党，为遵义会议的胜利召开奠定了坚实基础。

通道转兵的实现，不仅挽救了红军和党中央因北上湘西与红二、红六军团会合可能遭受全军覆没的命运，更重要的是，以毛泽东为代表的正确路线、军事思想和战略战术原则得到了中央领导层多数人的赞同，从而为黎平会议、遵义会议的召开和最终解决红军领导权及战略方针等问题，奠定了思想基础。

① 《回顾长征——纪念中国工农红军长征胜利会师五十周年》，人民出版社 1985 年版，第 5 页。

第 三 节

愿拼热血卫吾华

1915年1月18日，日本向袁世凯提出了灭亡中国的"二十一条"。5月7日，日本发出最后通牒。5月9日，袁世凯政府竟然全部接受。

22岁的湖南省第一师范学生毛泽东在揭露日本侵华和袁世凯卖国罪行的《明耻篇》一书封面上写下"五月七日，民国奇耻。何以报仇？在我学子！"的文字，抒发抵抗日本、救国图存之志。1916年7月25日，毛泽东在致萧子升信中又以惊人的洞察力预言："日人诚我国劲敌！感以纵横万里而屈于三岛，民数号四万万而对此三千万者为之奴，满蒙去而北边动，胡马骎骎入中原，况山东已失，开济之路已为攫去，则入河南矣。二十年内，非一战不足以图存，而国人犹沉酣未觉，注意东事少。愚意吾侪无他事可做，欲完自身以保子孙，止有磨砺以待日本。"[①]1919年7月，毛泽东在《湘江评论》创刊宣言中指出："国际的强权，迫上了我们的眉睫，就是日本。"[②]

---

① 中共中央文献研究室编：《毛泽东年谱（一八九三—一九四九）》（修订本）上卷，中央文献出版社2013年版，第23页。

② 中共中央文献研究室、中共湖南省委《毛泽东早期文稿》编辑组编：《毛泽东早期文稿》，湖南人民出版社1990年版，第294页。

1931 年 9 月 18 日夜，震惊中外的九一八事变爆发。从进入近代以来最黑暗的这一刻起，中华民族踏上了从救亡到解放、从苦难到辉煌的曲折道路，开启了从未有过的民族觉醒和命运转折的艰难历程。

起来！
不愿做奴隶的人们！
把我们的血肉，筑成我们新的长城！
中华民族到了最危险的时候，
每个人被迫着发出最后的吼声。
起来！
起来！
起来！
我们万众一心，冒着敌人的炮火前进！
冒着敌人的炮火前进！
前进！
前进！进！

★ 义勇军进行曲

全山石 翁诞宪
油画 | 2009
中国美术馆 藏

★ 瓦窑堡会议旧址

1935年5月24日，随着电影《风云儿女》的上映，长沙籍著名音乐家田汉作词的《义勇军进行曲》在中国大地上唱响，中华儿女发出不屈服于外侮的怒吼。

1935年12月17日至25日，中共中央在陕西安定瓦窑堡召开政治局扩大会议（即瓦窑堡会议），会议通过的《中共中央关于目前政治形势与党的任务决议》指出：目前形势下，“党的策略路线，是在发动、团聚与组织全中国全民族一切革命力量去反对当前主要的敌人：日本帝国主义与卖国贼头子蒋介石”。两天后，毛泽东根据会议精神在党的活动分子会议上做《论反对日本帝国主义的策略》的报告，报告深刻指出：“长征一完结，新局面就开始”，这个新局面就是中国革命战争将进入抗日民族战争的阶段。并进一步阐明了中共抗日民族统一战线的策略思想，主持制定抗日民族统一战线的总方针，提出建立抗日民族统一战线的理论和策略，奏响了国内革命战争向抗日民族战争转变的序曲。

1937年7月7日，震惊中外的七七事变（又称卢沟桥事变）爆发。七七事变是日本全面侵华战争的开始，也是中华民族进行全面抗战的起点。七七事变的第二天，中共中央向全国发出通电，大声疾呼：平津

★ 洛川会议会址

危急！华北危急！中华民族危急！只有全民族实行抗战，才是我们的出路！

1937 年 8 月 22 日至 25 日，中共中央在陕北洛川城郊召开政治局扩大会议（即洛川会议）。会议通过《中共中央关于目前形势与党的任务的决定》《中国共产党抗日救国十大纲领》和毛泽东起草的宣传鼓动提纲《为动员一切力量争取抗战胜利而斗争》，标志着党的全面抗战路线的正式形成。

1937 年 11 月 12 日，毛泽东在《上海太原失陷以后抗日战争的形势和任务》中，针对国民党政府的片面抗战路线，强调指出："我们主张全国人民总动员的完全的民族革命战争，或者叫作全面抗战。因为只有这种抗战，才是群众战争，才能达到保卫祖国的目的。"[①]

1938 年 5 月 26 日至 6 月 3 日，毛泽东在延安抗日战争研究会发表了《论持久战》这一著名的讲演。他运用唯物辩证法，客观、全面地分析了中日双方的优势和弱点，科学地揭示了抗日战争的发展进程和特点，

① 《毛泽东选集》第二卷，人民出版社 1991 年版，第 387—388 页。

得出了一个极其重要的结论：中国在这场战争中，既不会亡国，也不会速胜，抗日战争是持久战。

《论持久战》强调“兵民是胜利之本”，指出争取抗战胜利的唯一正确道路是充分动员和依靠群众，实行人民战争。它以强大的说服力及时回答了抗日军民头脑里的种种问题，给了人民以战胜侵略者的信心、勇气、力量和战略战术。

2014 年 7 月 7 日，习近平总书记在纪念全民族抗战爆发七十七周年仪式上强调：“在此民族危难之际，中国共产党秉持民族大义，担负起民族救亡的历史重任，呼吁建立以国共合作为基础的抗日民族统一战线，以抵抗日寇侵略、驱逐日寇出中国。”[①]

1938 年 10 月，随着广州、武汉的相继沦陷，湖南由抗日战争的战略后方正式变为正面战场的前哨阵地。

日本侵华司令冈村宁次曾叫嚣：欲灭华夏，先平湖南。从 1931 年

① 习近平：《在纪念全民族抗战爆发七十七周年仪式上的讲话》，《人民日报》2014 年 7 月 8 日。

九一八事变，到 1945 年芷江受降，抗日战争的历史，是中国人民用鲜血和生命写下的历史。抗日战争的胜利，是中华民族同仇敌忾、团结奋斗的胜利。

遥望中原烽火急，狂流一柱在延安。在这一战争中，代表着中国人民根本利益的中国共产党，在毛泽东的领导下，始终战斗在抗日战争最前线，在全民族抗战中发挥了无可替代的作用，是抗日战争中的中流砥柱。

巍巍南岳，汤汤洞庭。用我一湘壮河山！在这场“战争史上的奇观，中华民族的壮举，惊天动地的伟业”中，以毛泽东、刘少奇、任弼时、彭德怀、左权、贺龙、罗荣桓等为代表的湘籍共产党人，义无反顾地投身抗日战场，卓有成效地领导军民抵抗日寇，奏响了一曲曲气壮山河的英雄凯歌，建立了不可磨灭的历史功勋。中国共产党在湖南团结持久抗战，充分发挥了砥柱中流的作用，谱写了永载史册的壮烈篇章。

若道中华国果亡，除非湖南人尽死。1903 年，旷代逸才杨度代表湖南青年对梁启超所作的《少年中国说》和了一首气贯长虹的《湖南少年歌》，首发于梁启超主编的《新民丛报》。

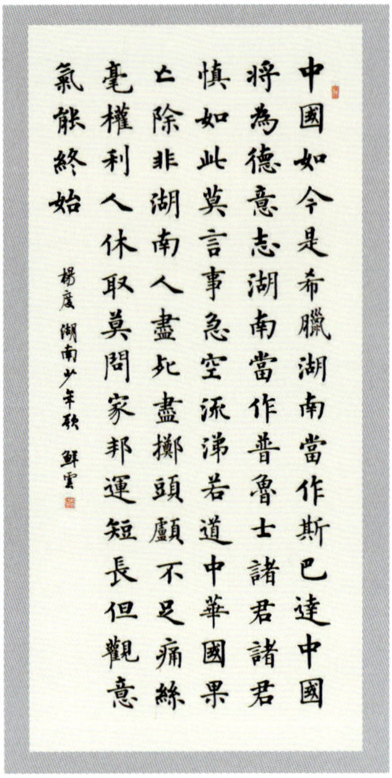

★ 杨度《湖南少年歌》

鲜云 书

天地英雄气，千秋尚凛然。湖南人民在 1931 年九一八事变后的抗日救亡运动，特别是七七事变后的 8 年全民族抗战中，始终站在抗日斗争前线，以高昂的爱国主义热情、卓励敢死的献身精神，为抗日战争的胜利作出了巨大的贡献。1937 年 7 月 25 日，湖南人民抗敌后援会成立。湖南各界积极开展抗日后援活动，成为全国民众抗日救亡运动最为发达的地区之一。七七事变后，特别是北平、南京、上海等城市相继失陷后，一批学校和文化机关纷纷南迁长沙，一批著名进步文化人士随之来到长沙。吕振羽、翦伯赞、田汉、张天翼、廖沫沙等湘籍文化人士也先后回湘。这些文化人士与原来在长沙的文教界人士团结在一起，形成了以共产党员、进步人士为骨干，广泛团结爱国人士的文化队伍。

1937 年 10 月 17 日，湖南文化界部分中共党员与进步人士发起成立湖南文化界抗敌后援会，这是我们党领导的抗战时期湖南最活跃、影响最大的民众抗日团体。湖南文化界抗敌后援会号召实行文化的总动员，“并要求消除一切党派的、门户的、地域的等等自相摩擦的成见，希望在湖南境内的一切文化工作者，无遗漏地在抗敌救亡这最高的共同原则下，紧紧地结合起来，作为全民团结的一个有力的组织单位，与全

★ 翦伯赞

国文化界共同来负起民族抗战的文化任务，企望着全湖南境内的一切文化工作的同仁，都踊跃地自动来参加”。

湖南文化界抗敌后援会成立大会通过的《成立宣言》严正指出："日本帝国主义的企图，不仅在消灭我国家，奴役我民族，斩绝我历史文化，同时也在毁坏人类文化，扰乱世界和平。”呼吁每个不甘做亡国奴的中国人“要不顾所有一切的牺牲，坚持着和敌人作不计年月的长期斗争，才能争取民族的最后胜利，才能完成这伟大时代所赋予我们的伟大使命”。

1937 年 11 月，翦伯赞发表《怎样动员我们战时的文化》一文，其中指出：“我们知道，要保证抗战的胜利，是需要整个社会的政治、经济以至文化的全阵容之合拍的推进，然后我们抗战的力量才能成为一种有基础的、有泉源的、永远不致枯竭的力量。”这股力量不仅依赖于锐利的武器，更要“使运用这些武器的人民大众都具有最坚决的抗战的技能与意识”。为了实现这一教育大众的任务，就要发动“抗战的文化的总动员”、展开“战时的文化新阵容”，因为“文化动员在抗战中，是夺取胜利的一个重要的因素”。

1938年3月15日，翦伯赞主编的《中苏》半月刊创刊。作为在中共直接指导下发行的刊物，《中苏》半月刊以宣传中国抗战和沟通中苏文化为宗旨，内容涉及政治、军事、经济、文化和外交等各个方面，是湖南抗战期间存在时间最长、出刊期数最多、发行量最大的刊物之一。该刊发表的极富政治理论性的时评和论文、介绍苏联文化的译文和专论，以及围绕抗战主题发表的诗歌、散文、短论，在当时产生了广泛的社会影响，成为中国共产党在湖南唯一合法的舆论阵地，在抗战文化宣传方面发挥了重要作用。

四万万人齐蹈厉，同心同德一戎衣。湖南抗战文化的一声声怒吼，逐渐辐射全国，澎湃起每一个中国人的家仇国恨，唤醒了全民族的危机意识和使命意识，使全国人民达到空前的团结一致。

文化是一个国家、一个民族的灵魂。2015年9月3日，纪念中国人民抗日战争暨世界反法西斯战争胜利70周年大会隆重举行，同时举行胜利日大阅兵。习近平总书记在天安门城楼发表重要讲话。这是新中国成立以来首次以纪念抗日战争暨世界反法西斯战争胜利为主题举行的盛大阅兵，这是以史为鉴、守护和平、面向未来的国家大典。习近平总书记在讲话中两次提到5000多年的中华文明。他说，抗日战争的胜利“捍卫了中华民族5000多年发展的文明成果”“中华民族创造了具有5000多年历史的灿烂文明，也一定能够创造出灿烂的明天”。[①]

文运同国运相牵，文脉同国脉相连。文化自信是国家兴衰的命脉，是民族精神独立的基石。没有文化自信，就不可能实现中华民族的伟大复兴。2016年7月，习近平总书记在庆祝中国共产党成立95周年大会上的讲话中指出："文化自信，是更基础、更广泛、更深厚的自信。在5000多年文明发展中孕育的中华优秀传统文化，在党和人民伟大斗争中孕育的革命文化和社会主义先进文化，积淀着中华民族最深层的精神追求，代表着中华民族独特的精神标识。"[②]

近代以来，中国共产党领导人民进行革命、建设和改革，凝结成无数宝贵的精神财富。这股精神熔铸在中华民族的历史与文化之中，支撑

① 习近平：《在纪念中国人民抗日战争暨世界反法西斯战争胜利70周年大会上的讲话》，《人民日报》2015年9月4日。

② 习近平：《在庆祝中国共产党成立95周年大会上的讲话》，人民出版社2016年版，第13页。

着中华民族自信地跨过一道又一道沟坎，取得一个又一个胜利。

中国共产党领导的革命斗争史，就是中国文化自信的淬炼史，更是中华文明找回自信的涅槃史。在中国共产党的领导下，中国人民在斗争和挫折中求索、在狂风暴雨中前进。一个古老文明开始重拾信心。

1937 年 11 月，中共中央决定派徐特立、王凌波到长沙建立八路军驻湘通讯处，与中共湖南省工委一道，开创国共合作抗日的政治局面。两位坚强的革命战士于 11 月 26 日离开延安，经武汉，12 月 9 日到达长沙。

徐特立是我国杰出的无产阶级革命家、教育家，湖南善化（今长沙县江背镇）人，他曾“断指血书”，号召青年学子反帝爱国。他是毛泽东在湖南第一师范的老师，延安时期被尊为“延安五老”之一。毛泽东后来回忆此事时说：“这给了我对革命的第一次感性认识。”在革命最艰难的时期，年过半百的徐特立毅然加入中国共产党。毛泽东在给徐特立 60 岁寿辰的祝贺信中写道：“你是我二十年前的先生，你现在仍然是我的先生，你将来必定还是我的先生。当革命失败的时候，许多共产党员离开了共产党，有些甚至跑到敌人那边去了，你却在一九二七年秋天加

★ 八路军驻湘通讯处旧址

入共产党，而且取的态度是十分积极的。”[①] 陆定一称赞徐特立入党“这本没有字的教科书，比什么教科书都好，也比什么教科书都重要”。[②]

“湘教育家徐特立离湘十余年，昨日下午二时由武汉来长……鬓发皆白，着灰布短衣，精神奕奕，不减当年气概”，1937 年 12 月 10 日的《力报》记录了徐特立抵达长沙时的情形，消息传开后，湖南革命青年和各界人士深受鼓舞，登门拜访者络绎不绝。

1937 年 12 月底，在位于长沙市蔡锷中路的徐家祠堂，八路军驻湘通讯处正式挂牌成立。郭沫若、茅盾、黄炎培、张西曼等社会名流及国民党政府的上层人士刘岳厚、赵恒惕、赵君迈等曾赴八路军驻湘通讯处，在这里，大家不分党派，坦诚相见，共商抗日大计。

徐特立多次应邀在临时联合大学、长沙银宫电影院、第一师范等处公开演讲，告诉民众，“如今对日作战，单靠国民党一党不行，单靠共产党一党也不行，尤其是单靠军队也不行……”，宣讲国内外形势和中

① 《毛泽东文集》第一卷，人民出版社 1993 年版，第 477 页。
② 陆定一：《人民教育家——祝徐老七十大寿》，《解放日报》1947 年 1 月 10 日。

国共产党的抗日主张，听众场场爆满。

当时的《观察日报》报道："徐先生本来是深入民间的，以他那滑稽的口吻，把国家大事说得很周详，抢去了不少说书人的买卖。听众越来越多，徐先生讲了又讲，到了午餐的时候，大家公请了徐先生一顿。这充分地表现了那一群的民众，并不是不关心国家的事。"

此外，徐特立还通过参加座谈会、会见中外记者、开展社会联谊活动、公开发表文章等途径，积极进行抗日救亡宣传，帮助推动各界进步人士建立抗日救亡团体（如工抗会、青年服务团等），创办救亡报刊（如《抗战日报》等）。徐特立、王凌波为这些报刊撰写了多篇社论和专文。徐特立曾言："在长沙所写的文章，竟超过我有生以来所写文章的 10 倍。"

八路军驻湘通讯处在长沙公开挂牌活动，中共湖南省工委则处于地下状态。这一特殊建制的出现，是国共第二次合作的产物，在中国共产党历史上有着十分特殊又极其重要的地位。

八路军驻湘通讯处大力宣传抗日民族统一战线政策，把最广泛的力量凝聚在抗日救亡的大旗之下，共招收赴延安的青年学员 680 人，培训人员2220人，营救共产党人和爱国人士65人，接待国内人士20000人，国外人士20余人，为八路军筹措、转运物资50000余件，有力地推动了湖南抗日救亡运动的发展，在团结各界爱国人士参加抗日斗争，支援敌后抗日游击战争等方面作出了重要的贡献。

1938年10月，广州、武汉相继失陷，湖南成为全国重要的抗战后方和正面战场。国民党湖南省党部于11月中旬火烧长沙后迁往沅陵，省政府迁往耒阳，长沙处于混乱之中。为保存革命力量，继续领导全省的抗日救亡运动，开辟以邵阳为中心的湘西南抗日救亡革命根据地，八路军驻湘通讯处在周恩来、叶剑英等同志的指挥下，于1938年11月下旬由长沙全部迁至邵阳东门外两路口曾家院子。同时迁来的还有中共湖南省工委、长沙市委、省青委、文化界抗敌后援会、中华民族解放先锋队、《观察日报》社、崇实女校、育英儿童抗敌工作团等中共组织、机关和团体。

1939年2月，中共湖南省工委在邵阳召开全省第一次扩大会议（当时又称省党代会），重申中共"坚持抗战，反对投降；坚持团结，反对分裂；坚持进步，反对倒退"的革命方针，举办了3期全省党员干部培训班。每期10人左右，都是从邵阳、湘乡、衡阳、溆浦、宁乡、益阳、岳阳等地抽调来的党的地下骨干，由徐特立、王凌波等人负责授课。培训内容为党的性质、论持久战和游击战等，时间约3个月。学成之后，学员分赴各地，成为全省各地进行革命活动的骨干。邵阳，也成为抗日救亡时期造就革命干部的摇篮。

在中共湖南省委的领导下，全省党组织得到空前发展。先后从邵阳派往各地的党的负责人有：袁学之在湘潭，组建“湘宁中心县委”；帅孟奇在常德，组建“常益中心县委”；谢竹峰在邵阳，组建中共“宝庆工作委员会”。此外，省委委员王涛在郴州组建了“湘南特委”，湘西也组建了中共“湘西工作委员会”。

省委在邵阳期间，全省组建、恢复的正式县委达20多个、县工作委员会13个、县支部9个，40多个县有了党的组织，全省党员到1937年底仅有200多人，1939年5月已发展到5000多人。

1939年6月12日，国民党第27集团军杨森部血洗新四军驻平江县通讯处，杀害通讯处主任涂正坤、罗梓铭等6人，制造了震惊中外的平江惨案。以薛岳为首的国民党顽固派更是肆无忌惮地反共，在湖南

★ 新四军驻平江县通讯处旧址

各地逮捕了大批共产党员和抗日进步积极分子。1939 年 8 月，国民党第九战区向八路军驻湘通讯处发出“湘中腹地，没有设办事处之必要，立即停止办公”的通令。经请示中央后，1939 年 10 月 14 日，徐特立、王凌波离开邵阳，八路军驻湘通讯处停止工作，迁往衡阳。1939 年 11 月，八路军驻湘通讯处转移至湘潭。1940 年 9 月，国民党非法逮捕王凌波，并将王凌波夫妇武装押解到桂林。至此，八路军驻湘通讯处工作全部结束。

我们是迎着大时代的巨浪，
勇敢热情的青年聚集一堂，
加紧学习，奋勇救亡，
在这里锻炼得意志成钢，
把思想武装，实行抗日救国的主张，
争取中华民族的解放。
同学们起来！
走向光明的路上，走向光明的路上！

★ 塘田战时讲学院旧址

我们是创造新中国的健将！

80 多年前，铿锵的《塘田战时讲学院院歌》激荡在邵阳夫夷河畔。

1938 年 6 月，中国当代马克思主义史学家、革命家、湖南省文化界抗敌后援会研究部主任吕振羽向省委建议，在当时的武冈县塘田市镇（今邵阳县塘田市镇）创办讲学院，传授马列主义和抗战思想及策略，培训基层抗日干部。这一建议得到了省委和中央驻湘代表徐特立的支持，并派吕振羽筹建讲学院。

徐特立特意将创办塘田战时讲学院的情况写信报告了毛泽东和张闻天。

塘田战时讲学院以抗日救国为中心，不仅在学生中发展革命力量，还组织民众识字班以提高老百姓的文化素养，积极发动乡村群众加入抗日队伍。

1938 年 9 月 15 日，塘田战时讲学院正式开学。讲学院秉承“坚持抗战，坚持持久战，实施战时教育，培养抗战干部”的教育方针，坚定青年的民族独立思想和争取抗战最后胜利的信念。

論反對日本帝國主義進攻的方針辦法與前途

毛澤東

★ 塘田战时讲学院曾经用过的教材

塘田战时讲学院受中共湖南省委直接领导，由吕振羽负责全面工作。讲学院的领导和教师，多数是中共党员和进步人士，自创办之日起便建立了中共党支部。1939 年 4 月 21 日，在薛岳的反复催促下，塘田战时讲学院被强行解散。为保存革命实力，省委派李锐到学院传达省委同意撤退计划的意见。塘田战时讲学院在 7 个多月时间里，共培养了 250 余名进步青年，在学生中发展了 40 余名党员，建立了中华民族解放先锋队，这些学生有的奔赴延安，有的回乡建立党组织，有的留在国统区从事党的地下工作，有的加入了新四军。

塘田战时讲学院被誉为中共的“南方抗大”，成为抗日战争时期党在后方建设的实践典范，在湖南乃至全国抗战史上写下了光辉的一页。

游击战“将在人类战争史上演出空前伟大的一幕”！抗日战争初期，毛泽东作出了这一惊人的判断。

1937 年 8 月 1 日，毛泽东给正在陕西三原云阳镇出席红军高级干部会议的周恩来、博古等发去电报，首次提出红军作战原则：“在整个战略方针下执行独立自主的分散作战的游击战争……只有如此才能发挥红军特长，给日寇以相当打击。”[1]

1938 年初，在八路军总司令部召开的一次高级将领会议的晚会上，邵阳籍著名音乐家贺绿汀创作的《游击队之歌》首演。朱德总司令等领导人一致赞扬说：“战士需要这样的歌。”此后，这首清新激越的《游击队之歌》迅速流传于长城内外、大江南北，激励了全国军民捍卫国土、痛击日寇的斗志，至今仍保持着经久不衰的魅力。

南岳，钟灵毓秀，抗战名山。1938 年 12 月，叶剑英登南岳祝融峰，赋诗一首明志：

四顾渺无际，
天风吹我衣。
听涛起雄心，
誓荡扶桑儿。

① 《毛泽东文集》第二卷，人民出版社 1993 年版，第 1 页。

★ 南岳游干班全体工作人员合影

1939 年至 1940 年，中国共产党和国民党在南岳合作举办游击干部训练班，中共中央决定由叶剑英负责，带领部分教官和工作人员参加创办和教学工作。毛泽东对叶剑英说：“去吧！去讲一讲我们的一篇道理。”1939 年 2 月 15 日，南岳游干班正式开学。南岳游干班是国共两党共同培养抗日游击干部的摇篮，是抗日民族统一战线的伟大成果，在抗日战争史上书写了浓墨重彩的一笔。国共两党合办南岳游干班的前三期，共培养了 3000 多名游击干部。毕业后的游干班学员被分配到各战区的敌后战场，成为中国抗日游击队的强大骨干力量。

1939 年 4 月 18 日和 19 日晚上，周恩来在游干班做题为《中日战争之政略与战略问题》的报告。他从抗日战争的历史背景讲起，将中日双方的政略和战略演变，及其发展、前途和特点，做了深刻的分析与阐述。

在南岳游干班授课时，曾任红军学校校长并参加创办过黄埔军校的叶剑英提出了“军民关系犹如鱼水关系”的著名论点，强调游击战的最大特点就是广泛的民众性。

1939 年 5 月 7 日，南岳佛道救难协会在祝圣寺召开成立大会，叶剑英应邀出席，并且在会上发表了题为《普渡众生要向艰难的现实敲门》

的著名讲演。南岳佛道救难协会成立不久，即开办了有 70 多名青壮年僧道参加的战时知识训练班，帮助他们学佛学、学政治、学军事、学救护常识，为其参加救难工作创造条件。叶剑英对这个训练班十分关心，特派游干班的中共教官薛子正担任僧道训练班的军事教员。

南岳游干班是国共合作、全民抗战的缩影。在湖南及其附近地区斗争的湘鄂赣、湘赣、湘粤赣和湘南地区的山岳丛林，数千名红军游击队将士，换上新四军军服，开赴抗日前线，与国民党军队并肩战斗。新四军江南挺进支队、八路军三五九旅南下支队先后在湖南境内创建了数个抗日根据地，有力打击和牵制了日军的有生力量。

1943 年 3 月，侵华日军攻占了鄂西边区，石首、公安、华容等县先后沦陷。按照中共中央南方局和华中局的既定方针，鄂豫边区党委和新四军第五师党委作出了“准备由襄南向江南敌后发展，待机挺进洞庭湖畔”的指示。9 月，新四军第五师第三军分区成立了江南挺进支队。11 月 28 日，江南挺进支队从石首渡过长江，在地下党组织的帮助下，于 12 月 1 日抵达桃花山。继而挥师西进，沿桃花山周边地区活动，发动群众，宣传党的抗日民族统一战线政策和毛泽东关于“发展进步势力，争取中间势力，孤立顽固势力”的指示精神，开辟了以桃花山为中心的石公华抗日根据地，不仅使鄂豫边区得到扩大，而且从南面牵制了盘踞武汉的日军，牵制了敌占常德的战略企图，并为我军进军湖南建立了一个坚实的基点。

1944 年，国民党正面战场的溃败，造成了大片敌后真空地带。为抓住有利时机，毛泽东及时作出“缩小敌占区，扩大解放区”的战略决策。其中一项战略部署就是进军华南。

1944 年 11 月，八路军三五九旅主力一部奉命组成国民革命军第十八集团军独立第一游击支队（简称南下支队），在王震和王首道等的率领下，从延安出发，浴血奋战，于 1945 年 3 月 23 日进入湖南。

1945 年 3 月 27 日，南下支队颁布了经毛泽东修改，以司令员王震、政委王首道名义发表的《国民革命军湖南人民抗日救国军司令部布告》，向广大人民群众阐明南下支队的任务是“消灭万恶敌人”“实行统一战线”“不分阶级党派，皆愿相见以诚”“厉行减租减息”，希望三湘子弟“起来保乡卫国，充当抗日英雄”。布告沿用红军时代许多布告的传统规格，文字通俗易懂，对我军的宗旨、任务、大政方针都做了昭告，扩大了党的政治影响。南下支队每到一地，群众都奔走相告：“当年的红军又回来了！”

南下支队在湖南转战历时半年之久，足迹遍及临湘、岳阳、平江、湘阴、长沙、浏阳、宁乡、湘潭、衡山、衡阳、耒阳、安仁、永兴、资兴、汝城、桂东、酃县（炎陵）、茶陵、攸县19个县市，建立了多个抗日民主政权，开辟了以白鹤洞为中心的湘阴敌后抗日根据地，与日伪军展开了数十次英勇战斗，沉重打击了日伪军的侵略气焰，鼓舞了全省人民的抗日斗志，扩大了新四军、八路军的政治影响，播下了革命的火种，壮大了湖南的革命力量，对湖南人民的抗日斗争起到了示范推动和领导作用。

1945年4月21日至6月11日，中国共产党在延安召开了第七次全国代表大会。

毛泽东代表中央委员会致《两个中国之命运》的开幕词：“中国共产党从一九二一年产生以来，已经二十四年了，其间经过了北伐战争、土地革命战争、抗日战争这样三个英勇奋斗的历史时期，积累了丰富的经验。到了现在，我们的党已经成了中国人民抗日救国的重心，已经成了中国人民解放的重心，已经成了打败侵略者、建设新中国的重心。中国的重心不在任何别的方面，而在我们这一方面。”[①]

2015 年 2 月 14 日，习近平总书记瞻仰中共七大会址。站在中央大礼堂内，习近平指出，党的七大把毛泽东思想确立为党的指导思想，在思想上、政治上、组织上为党领导人民夺取抗日战争胜利和新民主主义革命胜利提供了坚强保证。

八年烽火起卢沟，受降一日落芷江。1945 年 8 月 15 日，日本天皇宣布无条件投降。8 月 21 日，日本降使今井武夫一行飞抵湖南芷江，交出了侵华日军兵力部署图，接受了载有命令侵华日军投降详细规定的备忘录。芷江受降是自鸦片战争以来，近代中国首次以战胜国姿态接受战败国的投降，洗刷了中华民族的百年耻辱。

2015 年 9 月 2 日，习近平总书记在颁发“中国人民抗日战争胜利 70 周年”纪念章仪式上的讲话中指出：“在 14 年反抗日本军国主义侵略特别是 8 年全面抗战的艰苦岁月中，全体中华儿女万众一心、众志成城，凝聚起抵御外侮、救亡图存的共同意志，谱写了感天动地、气壮山

① 《毛泽东选集》第三卷，人民出版社 1991 年版，第 1027 页。

河的壮丽史诗，涌现出杨靖宇、赵尚志、左权、彭雪枫、佟麟阁、赵登禹、张自忠、戴安澜等一批抗日英烈和八路军‘狼牙山五壮士’、新四军‘刘老庄连’、东北抗联八位女战士及国民党军‘八百壮士’等众多英雄群体。”[①]

左权是八路军在抗日战场上牺牲的最高指挥员。1937 年冬，八路军副参谋长左权随八路军总部来到山西洪洞县。在匆忙转战之余，左权给已经 12 年没有见面的母亲写信，表达了誓死抗日的决心：“日寇不仅要亡我之国，并要灭我之种，亡国灭种惨祸，已降临到每一个中国人的头上…… 我全军将士，都有一个决心，为了民族国家的利益，过去没有一个铜片，现在仍然是没有一个铜片，准备将来也不要一个铜片，过去吃过草，准备还吃草。”[②]

1942 年 5 月，日军对太行抗日根据地进行了空前残酷、规模巨大的“扫荡”。25 日，左权在山西辽县麻田附近指挥部队掩护中共中央北

---

① 习近平：《在颁发“中国人民抗日战争胜利 70 周年”纪念章仪式上的讲话》，新华网 2015 年 9 月 2 日。

② 王孝柏：《左权年谱》，人民出版社 2012 年版，第 157—158 页。

★ 左权

方局和八路军总部等机关突围转移时，在十字岭战斗中壮烈殉国，年仅37岁。

将星罹难，举国同哀。中共中央北方局和第十八集团军前总野战政治部颁发《关于追悼左权同志的决定》，号召八路军全体将士继承左权遗志，为中华民族与中国人民解放事业奋斗到底。噩耗传到延安，朱德总司令悲痛万分，含泪写下这首悼诗：

名将以身殉国家，
愿拼热血卫吾华。
太行浩气传千古，
留得清漳吐血花。

1949年7月，解放军南下，朱德总司令要求所有路过左权家乡的部队都要派人去看望左权的母亲。

1950年春，左权将军的母亲病逝。在辞世前，她请人代笔留言："吾儿抗日成仁，死得其所，不愧有志男儿。现已得着民主解放成功，牺牲一身，有何足惜，吾儿有知，地下瞑目矣。”[1]

河山作证。

精神永存。

正义必胜！

和平必胜！

人民必胜！

① 王孝柏：《左权年谱》，人民出版社 2012 年版，第 345 页。

★

第　四　节

红旗直指洞庭来

1945年8月28日，毛泽东一行在国民党政府代表张治中、美国驻华大使赫尔利的陪同下，从延安乘专机赴重庆同国民党当局进行谈判。

1945年11月14日，《新民报》发表毛泽东创作于1936年2月的《沁园春·雪》，重庆十几家报刊纷纷转载，轰动山城，影响全国，还影响到海外华人世界。

北国风光，千里冰封，万里雪飘。
望长城内外，惟余莽莽；大河上下，顿失滔滔。
山舞银蛇，原驰蜡象，欲与天公试比高。
须晴日，看红装素裹，分外妖娆。
江山如此多娇，引无数英雄竞折腰。
惜秦皇汉武，略输文采；唐宗宋祖，稍逊风骚。
一代天骄，成吉思汗，只识弯弓射大雕。
俱往矣，数风流人物，还看今朝。

《沁园春·雪》指点江山，直抒胸臆，傲视古今。民主人士、诗人柳亚子读后拍案叫绝，大为叹赏："才华信美多娇，看千古词人共折腰。"[①]

"俱往矣，数风流人物，还看今朝"堪称神来之笔，展示了共产党人胜券在握、成竹在胸的豪迈气魄，极大地鼓舞了全党全军和广大人民打败反动派的决心和信心。

1946 年 6 月，蒋介石撕毁"双十协定"，进攻中原解放区，全面内战爆发。蒋介石声称，倚仗国民党的军事优势，"一定能速战速决"。国民党军队参谋总长陈诚甚至扬言，"也许三个月，至多五个月，即能整个解决"中国共产党领导的人民军队。

对人民革命力量来说，战争初期的形势确实相当严峻，敢不敢坚决自卫，以革命战争来反对反革命战争，这是中国共产党必须首先回答的问题。

"楚虽三户，亡秦必楚"，这句话形容的是以"湖"为中心的古之楚人的英壮，然而在中国近代史的各个历史时期，以湖南人为代表的一代续一代的搏命之士是层出不穷且挑起了历史大任的。越是在强敌面

① 中共中央文献研究室：《毛泽东文艺论集》，中央文献出版社 2002 年版，第 299 页。

前，湖湘文化中以命相搏、奋起抗争的意识越是得到彰显。

1946 年 8 月，湘人毛泽东在同美国记者安娜·路易斯·斯特朗的谈话中提出了“一切反动派都是纸老虎”的著名论断：“看起来，反动派的样子是可怕的，但是实际上并没有什么了不起的力量。从长远的观点看问题，真正强大的力量不是属于反动派，而是属于人民。”[①]

正如著名作家方纪在《挥手之间》所写：解放战争全面打响了。一个夜晚，在承德前线，读到一位从北平“军调部”来的同志抄在一个小本子上的毛泽东的《沁园春·雪》——这首词第一次在重庆发表出来，震动了整个所谓“大后方”的人士，他们从这里看到了决定历史命运的真正力量，听到了革命进程的脚步声音！而我们，在前线，在炮火声中，在闪耀的火光里望着战士们持枪跃进的身影，这词里的思想、情绪，完全变成伸手可触的形象，身置其中的境界了。于是，词的每一个字，如同火炬一般，燃烧起来。刹那间，整个前沿阵地，仿佛一片通明！解放战争的炮火，正在摧毁旧中国的一切黑暗势力。当时的敌人，看来

① 《毛泽东选集》第四卷，人民出版社 1991 年版，第 1195 页。

★ 韶山毛泽东同志故居（湖南图片库李定胜 摄）

是强大的；但是，正如词里所写，决定历史命运的不是秦皇汉武、唐宗宋祖，而是人民自己，是当代的“风流人物”！

1949 年 10 月 1 日，毛泽东出席了由 30 万军民在北京天安门广场隆重举行的庆祝中华人民共和国中央人民政府成立典礼，发出了“人民万岁”这一时代最强音。

2009 年，八幕话剧《韶山升起红太阳》在全国各地巡演，其中有段台词以其简洁的风格概括了毛泽东和他的战友们从井冈山直至天安门的胜利历程：“走过了炮火硝烟，踏过了雪山绵延，蹚过了延河深情，书写了解放诗篇。当二十八响礼炮在天安门前倾情绽放，宣告了一个民族崛起的尊严……”

2013 年 12 月 26 日，习近平总书记在纪念毛泽东同志诞辰 120 周年座谈会上强调：“中华人民共和国的成立，使中国人民成为国家、社会和自己命运的主人，实现了中国向人民民主制度的伟大跨越，实现了中国高度统一和各民族空前团结，彻底结束了旧中国半殖民地半封建社会的历史，彻底结束了旧中国一盘散沙的局面，彻底废除了外国列强强加给中国的不平等条约和帝国主义在中国的一切特权。”“中国人从此站

★ 开国大典

董希文
油画 | 1953 年
中国国家博物馆 藏

立起来了！中国人民从此把命运牢牢掌握在自己手中！中华民族发展进步从此开启了新纪元！”[①]

“人民，只有人民，才是创造世界历史的动力。”毛泽东的这句话鲜明表达了共产党人对人民群众的态度。中国共产党来自人民，为人民而生，因人民而兴。

1949 年 8 月 4 日，程潜、陈明仁率部向全国发表起义通电，郑重宣布：“正式脱离广州政府。今后当依人民立场，加入中共领导之人民民主政权，与人民军队为伍。共同为建立新民主主义之中国而奋斗。”1949 年 8 月 5 日，中国人民解放军进驻湖南省会长沙，湖南和平解放。这是湖南历史上的一个伟大转折点。自此，湖南人民进入了一个崭新的历史时期。

1939 年 10 月 4 日，党中央机关刊物《共产党人》正式创刊，毛泽东亲自为刊物撰写发刊词。

---

① 习近平：《在纪念毛泽东同志诞辰 120 周年座谈会上的讲话》，人民出版社 2013 年版，第 6 页。

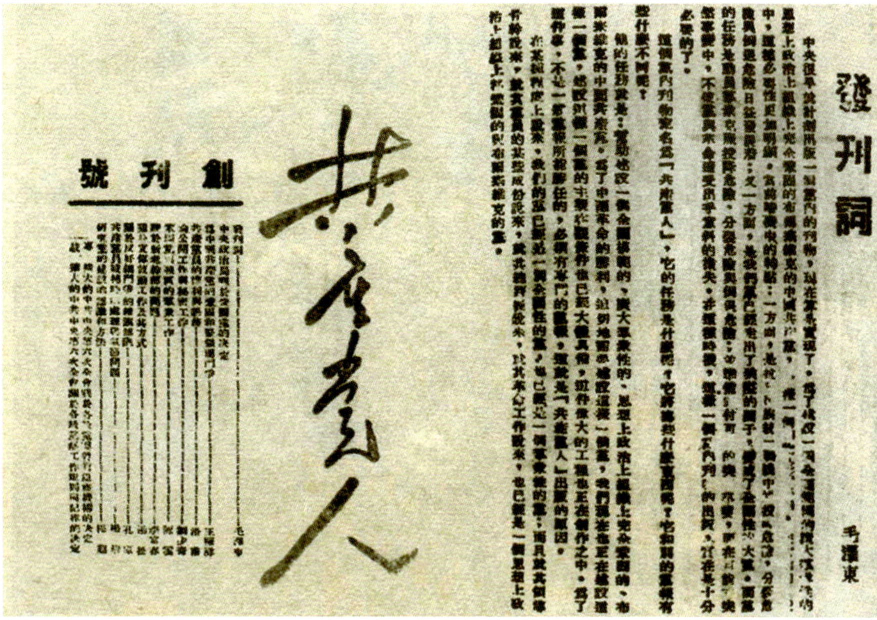

★ 毛泽东发表的《〈共产党人〉发刊词》

在《〈共产党人〉发刊词》中，毛泽东第一次论述了中国革命胜利的“三大法宝”：“统一战线，武装斗争，党的建设，是中国共产党在中国革命中战胜敌人的三个法宝，三个主要的法宝。”[①]

“三大法宝”的思想，是在深刻总结建党以来的历史、中国革命的特点和中国革命战胜敌人的经验教训的基础上提出的，是马克思列宁主义基本原理同中国革命实际相结合的重要成果。

1948 年 6 月，解放战争进入第三年，人民解放军已由战略防御转入战略进攻阶段。7 月，国民政府武汉行辕主任程潜转任长沙绥靖公署主任兼湖南省政府主席。他在公开场合大唱反共高调，表示要反共到底，但又采取了一些有利民生的措施，对人民群众开展的爱国运动也持宽容态度。程潜的言行，引起了中共湖南省工委的注意。

程潜，湖南醴陵人。第一次国共合作时期，程潜担任国民革命军第六军军长，共产党员林伯渠（湖南临澧人）为第六军党代表兼政治部主任，各级干部中很多都是共产党员。抗日战争时期，程潜作为第一战

① 《毛泽东选集》第二卷，人民出版社 1991 年版，第 606 页。

区司令长官，先后阻击日军于河北、河南、山东一线，危急时刻，他带头立下遗嘱，鼓励将士们："大敌当前，有进无退。中国虽大，也没有多少地方可退了，战死在阵地上是最光荣的。"

1948 年 9 月，中共湖南省工委根据党中央、中央局"要进一步加强统战工作，利用一切社会关系，有效地开展策反工作，瓦解敌人，必要时由党员干部出面搞一些关键部门、关键人物的策反工作"的指示，决定加大对程潜策反的力度，成立了军事策反小组，由中共湖南省工委书记周礼（后改名周里）领导，中共地下党员、湖南大学讲师余志宏任组长、副教授涂西畴任副组长。同时，统战工作组还确定了工作方针：先从程潜部属做起，通过争取他周围的重要人物来影响他，等时机成熟再派人同他见面，争取使他站到人民方面来。

岳麓山下，桃子湖畔。1948 年 11 月 19 日，湖南大学附近的省政府顾问方叔章公馆内举行了一次特殊家宴，应邀赴宴的有负责策反程潜的余志宏，湖南大学教授李达、伍薏农，民盟湖南地下组织负责人肖敏颂，负责接近程潜的湖南省保安副司令萧作霖，省政府秘书长邓介松和程潜的族弟程星龄等人。这次家宴上，他们漫谈当前形势，其中"湖南往

★ 中共湖南省工委书记周里

何处去，程潜往何处去”成为议论的中心。

这场后来被周里称为“桃子湖便宴”的家宴不仅为程潜与中共联系提供了思想基础和实施途径，也增强了实权派邓介松、萧作霖等人拥和的信心。

值得注意的是，方叔章、萧作霖、邓介松和程星龄都是当时程潜身边最受他信任的人，而肖敏颂则是以民盟南方总支部执行委员的身份出席，这场便宴表面上看是中共湖南省工委、程潜、民盟三方的一次政治会谈，事实上，肖敏颂还有另一层鲜为人知的身份——中共长沙特别支部党员。

1949年1月14日，毛泽东以中共中央主席的名义发表《关于时局的声明》，批驳蒋介石的求和声明并提出八项和谈条件。

2月，武汉警备司令兼第29军军长、第1兵团司令陈明仁率部到长沙，任华中军政长官公署副长官兼长沙警备司令。为做好陈明仁的工作，中共湖南省工委派涂西畴通过多渠道开展统战工作。陈明仁是程潜的醴陵同乡，与程潜有师生情谊。程潜不断给他启发，表明自己有与共产党合作、实现湖南局部和平的意愿。加上湖南和平运动气氛日益浓厚，

★ 奉派向程潜做统战工作的中共地下党员余志宏

统战成员及时向他宣传对起义人员“既往不咎，立功受赏”的政策，最终解除了陈明仁的思想顾虑。

1949 年 4 月 21 日，人民解放军发起渡江战役，23 日南京解放，紧接着，上海、杭州、武汉、南昌相继解放。5 月 16 日，白崇禧率 3 个兵团退守湖南，并将指挥所迁到了长沙，加强了对湖南的反动统治，湖南和平起义工作遭遇严重阻力。

中共湖南省工委派余志宏和程潜面谈，余志宏根据指示，向程潜介绍了人民解放战争的胜利形势、国内和平协定最后修正案的精神，特别谈到关于用和平方法解决问题的政策。

根据周恩来的指示，要在长沙建立秘密电台，只有这样党中央、中央军委才能及时掌握湖南和平起义的进展情况。

6 月，中国人民解放军对外联络部负责人周竹安领导的秘密电台负责程潜起义与中共中央的联系，几经辗转，周竹安将秘密电台设在望城境内九福乡洪家冲石壁脚下（今桥驿镇洪家村）周商农家。

7 月 4 日，毛泽东收到程潜通过中共湖南省工委呈报的《致中共中央和毛泽东主席备忘录》，程潜在备忘录中写道：“爰本反蒋、反桂、

★ 1949 年 8 月，程潜、陈明仁在长沙起义时留影

反战、反假和平之一贯态度，决定根据贵方公布和谈八条二十四款之原则，谋致湖南局部和平。”毛泽东当即给程潜回电说：“先生决心采取反蒋反桂及和平解决湖南问题之方针，极为佩慰。”[1]

8 月 2 日，陈明仁按照人民解放军要求，下令将第一兵团及省保安队撤出长沙各交通要道。

8 月 3 日，人民解放军占领长沙东南军事重镇株洲，接着又解放了益阳、沅江两县城。同日，程潜给毛泽东、朱德致电，提出将宣布脱离广州政府，“拟权宜之计，暂设中国国民党湖南人民临时军政委员会”。毛泽东复电：“为对抗广州伪府，为维护湖南秩序，为稳定军心，为便利谈判，为号召各方，所提设立由先生领导的中国国民党湖南人民临时军政委员会及陈明仁将军的中国国民党湖南人民解放军司令部两项临时机构，并由临时军政委员会派出临时性质的省政府主席及湖南人民解

① 中共中央文献研究室编：《毛泽东年谱（一八九三— 一九四九）》（修订本）下卷，中央文献出版社 2013 年版，第 528 页。

★ 1949年8月5日，人民解放军进入长沙，上万群众夹道欢迎，正式宣告湖南和平解放

放军司令官，均属必要，可即施行。”[①] 既表现了毛泽东对程潜和陈明仁的信任，也显示了中国共产党领导人一切从实际出发、尽最大努力做好统战工作的决心与抱负。

8月4日，程潜、陈明仁领衔发出有37名国民党湖南军政要员联名的起义通电，所属国民党党、政、军、警、宪、特13万人休兵罢战，成立湖南临时省政府。毛泽东、朱德复电程潜、陈明仁：“诸公率三湘健儿，脱离反动阵营，参加人民革命，义声昭著，全国欢迎。”

8月5日，湖南各界知名人士唐生智、周震鳞、仇鳌等104人发出通电，响应程潜、陈明仁和平起义。傍晚，人民解放军四野十二兵团的先头部队138师在长沙小吴门举行入城仪式，分三路浩浩荡荡地进入了长沙市城区，长沙上万群众夹道欢迎解放军入城，湖南和平解放。

当晚，党领导下的人民解放军进城后一律打地铺露宿街头，严令“老乡不在家、进门就犯法”，真正做到了纪律严明、秋毫无犯。正是依

① 中共中央文献研究室编：《毛泽东年谱（一八九三——一九四九）》（修订本）下卷，中央文献出版社2013年版，第552页。

靠这样一支拥有铁一般纪律的共产党军队，才凝聚起了无坚不摧、战无不胜的强大力量。

毛泽东在一师求学时的同学、好友周世钊当时便赋诗《长沙和平解放》一首：

百万雄师奋迅雷，红旗直指洞庭来。
云霓大慰三湘望，尘雾欣看万里开。
箪食争迎空井巷，秧歌高唱动楼台。
市民啧啧夸军纪，只饮秋江水一杯。

8月6日，省工委书记周里、长沙市工委书记沈立人和程潜、陈明仁的代表，以及湖南军政当局和平谈判代表、省会各界代表等1000人到东屯渡迎接以金明、袁任远、唐天际、解沛然等组成的人民解放军和平谈判代表团。

湖南和平解放，是在中共中央和毛泽东正确领导下作出的英明决策，是中国共产党充分发挥统一战线重要法宝作用，用不流血的方式解决局部问题的成功范例，是中共湖南省工委团结领导全省人民和各界爱国人士坚持长期斗争取得的重大成果，是程潜、陈明仁将军及其部属深明大义、顺应历史潮流的明智之举。其历史功绩彪炳千秋、永垂史册。

湖南和平解放，与人民群众的拥护和支持密不可分，既是中国共产党紧紧依靠群众、发动群众的结果，也是程潜、陈明仁将军顺应民心的进步之举。

历史证明，中国共产党的根基在人民、血脉在人民、力量在人民。2015 年 5 月 18 日，习近平总书记在中央统战工作会议上指出："人心向背、力量对比是决定党和人民事业成败的关键，是最大的政治。统战工作的本质要求是大团结大联合，解决的就是人心和力量问题。这是我们党治国理政必须花大心思、下大气力解决好的重大战略问题。"[①] 人民是历史的创造者，是决定党和国家前途命运的根本力量。军民团结如一

① 《习近平关于社会主义政治建设论述摘编》，中央文献出版社 2017 年版，第 128—129 页。

人，试看天下谁能敌。

1949 年 4 月 21 日，毛泽东、朱德发布向全国进军的命令，要求“坚决、彻底、干净、全部地歼灭中国境内一切敢于抵抗的国民党反动派，解放全国人民，保卫中国领土主权的独立和完整”。[①]

5 月 1 日，毛泽东与柳亚子交谈时说：“打仗没有什么妙计，如果说有妙计的话，那就是知己知彼，根据实际情况，作出正确的决策。还有，就是先生说的，人民的支持是最大的妙计。我们有一百万军队渡江，如果没有人民的大力支持，是不能成功的。”[②]

衡宝战役是中国人民解放军与白崇禧集团在衡阳市、宝庆地区（今邵阳市）进行的一次运动战，双方投入兵力达百万之众，又称中南战役，与海南岛战役、西南战役并称中国人民解放军渡江后的三大战役。

组织衡宝战役前，中央军委制定了“对白崇禧集团采取大迂回动

① 《毛泽东选集》第四卷，人民出版社 1991 年版，第 1451 页。
② 中共中央文献研究室编：《毛泽东年谱（一八九三— 一九四九）》（修订本）下卷，中央文献出版社 2013 年版，第 495—496 页。

作，插至敌后，先完成包围，然后再回打”的作战方针。战役开始后，中国人民解放军分为东、西、中三路大军，以中路军为主力，向白崇禧驻守衡宝地区的五个兵团20余万人展开攻击。

在国民党阵营里，白崇禧以足智多谋、机智灵活著称，人称“小诸葛”。10月7日，毛泽东以军委名义专门致电提醒林彪等人：“白崇禧指挥机动，其军队很有战斗力，我各级干部切不可轻敌。作战方法以各个歼灭为适宜。”[①]

时任第四野战军第十二兵团司令员兼政治委员的湖南长沙人萧劲光后来这样描写衡宝战役的激烈程度：当天（10月9日）下午和晚上，战斗打得异常激烈。敌人狼奔豕突，东冲西撞，总想夺路逃跑。我军顽强阻击，非要把敌人消灭不可。在135师的各个阵地上，每一条水渠、每一道田埂、每一片森林、每一座房屋，都必须经过反复争夺，甚至白刃搏斗，才能为我所占领。敌人向我阵地反扑，有时多达七八次，但在我顽强阻击下，均被各个歼灭。有的连队消灭了几倍于己的敌人，打到

① 《毛泽东军事文集》第六卷，军事科学出版社、中央文献出版社1993年版，第10页。

★ 位于娄底市双峰县城东南塔子山的衡宝战役青树坪战斗烈士纪念塔（谭剑翔 摄）

最后自己也只剩下二三十人。激战至晚上 8 时，敌 7 军军部及包括警卫营、工兵营、通信营、运输营在内的直属队，终于被歼灭。军部指挥机关被打掉了，该军率领南逃的四个师便失去了统一指挥，更加慌乱起来。在 119 师的阵地上，战斗同样激烈残酷。该师与夺路南逃的敌人反复冲杀，激战达二三十小时之久，终于打退敌人 40 多次的集团冲锋。有个连用手榴弹一夜就打退了整营敌人的 18 次攻击。还有个连弹药打光了，战士们就搬起石头同敌人拼命。有个排的班排长大部伤亡，一个班长就自动代理排长，组织起剩下的十几个人，坚守阵地，连续打垮敌人整排整连的 4 次攻击。

这一战役，是中国人民解放军进军中南地区的首次重大战役，也是前后时间横跨开国大典的唯一大战，历时 34 天（1949 年 9 月 13 日至 10 月 16 日），共围歼白崇禧精锐主力 4.75 万余人（其中俘敌 3.8 万人，毙伤 7 千人），俘敌中将军长等将官 18 名。

衡宝战役解放了湘南、湘西大部分土地，控制了粤汉、湘桂铁路的湖南段，为尔后进军广西全歼桂系主力，以及第二野战军经湘西进军西南创造了有利条件。

常德，位于湖南西北部，是通往大西南的重镇，素有“西楚唇齿、川黔咽喉、云贵门户”之称。

1949 年 5 月 23 日，中央军委发出向全国进军的部署，指示第二野战军“应准备于两个月后以主力或以全军向西进军，经营川、黔、康”。[①] 7 月 16 日，毛泽东在中央军委的一份电报中首次提出以邓小平、刘伯承、贺龙等组成西南局，“经营川、滇、黔、康四省”。[②] 7 月 19 日，人民解放军第四野战军第十三兵团将 49 军、38 军分成左右两路纵队。49 军由湖北公安出发，向澧县、津市挺进；38 军从湖北宜都、长阳出发，经澧县、临澧、石门南下。8 月 1 日，《人民日报》头版刊发《华中我军连下七城、湘西重镇常德解放》，宣布常德解放。常德解放后，第四野战军解放常德的十万大军暂留常德休整和补充给养。

8 月 19 日，刘伯承、邓小平向第二野战军发出了向川黔进军作战的命令，并决定以主力（三、五兵团）经湘西向川黔进军。刚刚从皖南

① 《毛泽东军事文集》第五卷，军事科学出版社、中央文献出版社 1996 年版，第 298 页。
② 《毛泽东军事文集》第五卷，军事科学出版社、中央文献出版社 1996 年版，第 309 页。

战场枪林弹雨中下来的第二野战军主力十五万余人，迅速向常德集结。10月28日，刘伯承、邓小平率第二野战军前线指挥所，从长沙一路急行，进驻常德，拉开了解放大西南的序幕。11月23日，西南局在湖南常德正式成立。11月28日，刘伯承、邓小平率领二野前线指挥部全体人员离开常德，沿川黔公路向重庆方向挺进。12月，留守常德的二野干部战士全部离开常德。

在中国革命史上，干部南下是一次重要的战略行动，由此也产生了一个特殊的历史革命群体——南下干部。

1948年9月，中共中央在河北省平山县西柏坡召开了政治局会议，史称九月会议。会上，毛泽东高瞻远瞩地提出："战争的第三年内，必须准备好三万至四万下级、中级和高级干部，以便第四年内军队前进的时候，这些干部能够随军前进，能够有秩序地管理大约五千万至一万万人口的新开辟的解放区。"[①] 10月28日，中共中央根据九月会议确定的基本方针，作出了《关于准备夺取全国政权所需要的全部干部的决议》。

① 《毛泽东选集》第四卷，人民出版社1991年版，第1347页。

1949年3月，中共湖南省委在天津成立。四五月间，中共湖南省委在河南省开封市正式建立领导机关。6月15日，南下的湖南省委宣布了湖南省人民政府、长沙市军管会领导成员名单，同时决定了长沙、常德、衡阳、邵阳、永州等专区及其所属各县的领导班子。7月5日，南下的湖南省委在汉口召开入湘干部大会，提出南下工作人员入湘后的基本任务是：筹粮支前，剿匪安民，打开局面，开展工作。同日，湖南省委发出指示，南下工作人员进入湖南后，最紧要的任务是争取在三个半月至半年内完成借征粮食工作，配合人民解放军挺进大西南，争取粤、桂两省的迅速解放。8月20日，经中央批准，长期坚持地下斗争的中共湖南省工委与随军南下的中共湖南省委合并，成立新的中共湖南省委员会。

为了有组织有领导地做好筹粮支前工作，中共湖南省委、中国人民解放军湖南军区及十二兵团联合成立了"支援二野西进委员会"。

10月4日，湖南省委作出"关于建立各级支前组织的决定"，在各专区（市）均成立支前委员会，其下设立支前司令部。支前司令部下设供应科、运输科、参谋科，分别负责供应、运输、动员组织民工等工作。

已解放的各县设立支前指挥部。各级支前机构的建立和健全，有力地促进了筹粮支前工作。在省委和各级支前委员会的正确领导下，在广大的农村中迅速掀起了群众性的征粮、借粮、支援子弟兵的热潮。

城市的工人群众也迅速开展了增加生产、恢复交通、支援前线的运动。广大铁路工人响亮地提出“解放军打到哪里，我们就把路修到哪里”的口号。到1949年底，湖南省原有铁路如粤汉、湘桂、浙赣（株洲萍乡段）等1700余里，已全部恢复通车。全省的公路干线，也已基本畅通。

长沙妇女界广泛动员起来，成立了支援前线第一被服厂，在短短的40天内就向前方送去被子10700床、棉衣780套。常德人民克服巨大困难，筹集大米1048万公斤、柴2000万公斤、食用油1万公斤、食盐2.3万公斤及其他大量的粮草军需。不少老百姓在自家口粮都不够的情况下，倾其所有，有的实在拿不出大米，就拿出红薯、黄豆、高粱，宁可自己吃糠咽菜。为抢运物资，常德人民共修复桥梁31座，修建浮桥10座，修复路面5860米，新修板渡4个，组织14万民工投入运输，区内所有车辆、船只全被集中调度使用。3000多码头工人夜以继日地转运军需物资，仅 1 个月，就转运和装卸粮食、弹药数千吨。自 1949 年 8 月至 1950 年 1 月，湖南人民筹集的支援前方的粮食共计 25000 万斤，柴草 3066 万斤。

这就是英雄的湖南人民，这就是无私的湖南人民啊！

2017 年 8 月 1 日，习近平在庆祝中国人民解放军建军 90 周年大会上指出："人民军队从胜利走向胜利，彰显了军民团结的伟大力量。人民军队始终和人民同呼吸、共命运、心连心，完全彻底为人民奋斗，哪里有敌人，哪里有危难，哪里就有人民子弟兵。谁把人民放在心上，人民就把谁放在心上。"①

"最后一碗米送去做军粮，最后一尺布送去做军装，最后一件老棉袄盖在担架上，最后一个亲骨肉送去上战场。"这首战争年代广为传唱的民谣，就是军民团结如一人的生动体现。

---

① 中共中央党史和文献研究院编：《十八大以来重要文献选编》下册，中央文献出版社 2017 年版，第 814 页。

第 五 节

三湘儿女与立国之战

1950 年 6 月 25 日，朝鲜战争爆发。美国立即进行武装干涉，同时派遣海军第七舰队侵入台湾海峡。

1950 年 7 月 7 日，美国操纵联合国安理会通过决议，组成以美国军队为主，英、法等 15 个国家少量部队参加的"联合国军"，开入朝鲜半岛作战。

一场险恶的战争，在中国东北的大门口拉开了序幕。刚刚成立的中华人民共和国经受着新的战争考验。

在美国及其纠合的"联合国军"进入朝鲜国土后，战场形势出现了危急万分的情况，美国人甚至因此把狂妄的口沫喷到了鸭绿江边，将威慑的炮口架到了中朝边境，企图讹诈新中国、屈服新中国。

党中央和毛泽东反复权衡，应朝鲜党和政府的请求，从维护中朝两国人民的利益、维护新中国的尊严、维护亚洲和世界和平的根本立场出发，以巨大的政治勇气、超常的战略魄力作出"抗美援朝，保家卫国"的决策，组建以彭德怀为司令员兼政治委员的中国人民志愿军。

雄赳赳、气昂昂，跨过鸭绿江。保和平，卫祖国，就是保家乡。1950 年 10 月 19 日，中国人民志愿军开赴朝鲜战场。

经过艰苦卓绝的战斗，中朝军队打败了武装到牙齿的对手，打破了美军不可战胜的神话，迫使不可一世的侵略者于 1953 年 7 月 27 日在停战协定上签字。这场战争是美国自独立战争以来第一次没有胜利的战争，也印证着正义必胜、和平必胜的伟大真理。

毛泽东深有感触，时常以此鼓励国内外人民敢于和帝国主义做斗争，敢于和一切困难做斗争。

1956 年，他畅游长江时说："应当号召人们到大江大河里去游水，可以锻炼人们的意志。有些人害怕大的东西，美国不是很大吗？我们碰了它一次，也没有什么了不起。"[①]

自信人生二百年，会当水击三千里。抗美援朝时期，彭德怀、陈赓、邓华、杨得志、杨勇曾相继担任或代理过中国人民志愿军司令员，他们都是喝湘江水长大的湖南人。

山河为碑，历史做证。2020 年 10 月 23 日，习近平总书记在纪念中

① 中共中央文献研究室编：《毛泽东年谱（一九四九—一九七六）》第二卷，中央文献出版社 2013 年版，第 582 页。

★ 跨过鸭绿江

吴云华
油画

国人民志愿军抗美援朝出国作战 70 周年大会上指出："经此一战，中国人民粉碎了侵略者陈兵国门、进而将新中国扼杀在摇篮之中的图谋，可谓'打得一拳开，免得百拳来'，帝国主义再也不敢作出武力进犯新中国的尝试，新中国真正站稳了脚跟。这一战，拼来了山河无恙、家国安宁，充分展示了中国人民不畏强暴的钢铁意志！"①

山高路远坑深，
大军纵横驰奔。
谁敢横刀立马？
唯我彭大将军！

1935 年 10 月 19 日，中央红军结束二万五千里长征进驻吴起镇后，为打退尾追红军陕甘支队的国民党军骑兵部队，毛泽东决定主动出击

① 习近平：《在纪念中国人民志愿军抗美援朝出国作战 70 周年大会上的讲话》，人民出版社 2020 年版，第 5—6 页。

"砍掉这个尾巴"。红军陕甘支队司令员彭德怀组织部队掉头阻击，取得了吴起镇战役的重大胜利。毛泽东欣然提笔，写下了这首著名的《赠彭德怀同志》。

彭德怀，湖南湘潭人，从军阀混战到革命战争，从阶级斗争到民族战争，从国内战争到国外战场，戎马一生、功昭千秋，为党和人民立下了赫赫战功。

2011 年 3 月 21 日，习近平在瞻仰彭德怀故居时饱含深情地说，彭老总是我非常敬重的一位老前辈，他的精神永远是我们中国共产党宝贵的精神财富和重要组成部分。我们要以他的精神来激励广大的党员特别是领导干部，做好自己的事，为党、为人民，把我们国家建设得更好。

胜负之征，精神先见。一个政党、国家和民族，要不断地从胜利走向新的胜利，必须有属于自己的精神力量。

在波澜壮阔的抗美援朝战争中，英雄的中国人民志愿军始终发扬祖国和人民利益高于一切、为了祖国和民族的尊严而奋不顾身的爱国主义精神，英勇顽强、舍生忘死的革命英雄主义精神，不畏艰难困苦、

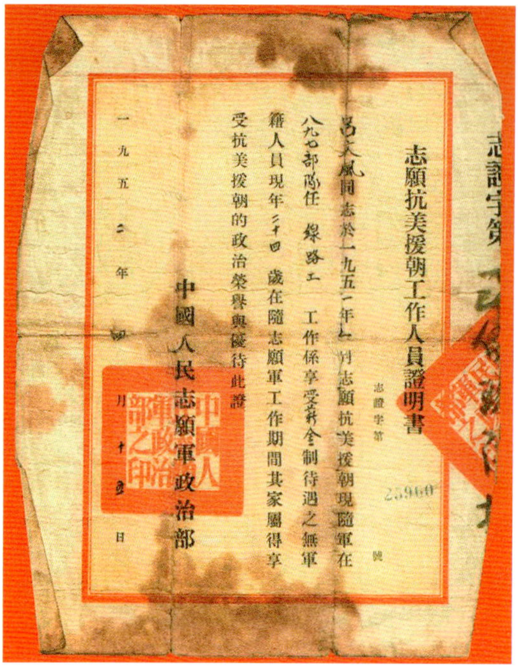

志願抗美援朝工作人員證明書

志證字第 25960 號

高大風同志於一九五一年七月志願抗美援朝現隨軍在八九七部隊任線路工工作係享受薪金制待遇之無軍籍人員現年三十四歲在隨志願軍工作期間其家屬得享受抗美援朝的政治榮譽與優待此證

中國人民志願軍政治部

一九五二年四月十五日

中國人民志願軍政治部之印

★ 中国人民志愿军颁发的志愿抗美援朝工作人员证明书

始终保持高昂士气的革命乐观主义精神，为完成祖国和人民赋予的使命、慷慨奉献自己一切的革命忠诚精神，为了人类和平与正义事业而奋斗的国际主义精神，锻造了伟大抗美援朝精神。这种精神，就是被美军称为谜一样的东方精神。这种精神，毛泽东对此有精辟的总结：敌人是钢多气少，我们是钢少气多。

美国陆军官方战史《朝鲜战争中的美国陆军》一书中这样描述中国军队：在战争中还从未发现一支健全的共产党军队陷入解体。不管这支军队损失如何惨重，只要党组织还保持完好，他们就有抵御能力。

2020 年 10 月 19 日，习近平在参观“铭记伟大胜利、捍卫和平正义——纪念中国人民志愿军抗美援朝出国作战 70 周年主题展览”时强调：“抗美援朝战争锻造形成的伟大抗美援朝精神，是弥足珍贵的精神财富，必将激励中国人民和中华民族克服一切艰难险阻、战胜一切强大敌人。”①

① 《在新时代继承和弘扬伟大抗美援朝精神 为实现中华民族伟大复兴而奋斗》，《人民日报》2020 年 10 月 20 日。

精神的力量是无穷的。

朝鲜战争爆发后，国内对于出兵朝鲜意见不一致，大多数人都持反对意见。

1950年10月4日下午，北京，中共中央政治局扩大会议。一直忙于西北经济建设的彭德怀被通知紧急参加会议。

10月5日，毛泽东单独与彭德怀谈话征求意见后，中央政治局扩大会议继续进行，讨论朝鲜战争问题。毛泽东让彭德怀在会上发言，彭德怀说："出兵援朝是必要的，打烂了，等于解放战争晚胜利几年。如美军摆在鸭绿江岸和台湾，它要发动侵略战争，随时都可以找到借口。"①

毛泽东随后补充说："它有它的原子弹，我有我的手榴弹，我相信我的手榴弹会战胜它的原子弹，它无非是个纸老虎。"②

彭德怀临危受命，任志愿军司令员兼政委，开始了波澜壮阔的抗美

---

① 《彭德怀自述》，人民出版社1981年版，第258页。

② 中共中央文献研究室编：《毛泽东年谱（一九四九—一九七六）》第一卷，中央文献出版社2013年版，第618页。

★ 彭德怀视察阵地

援朝、保家卫国之战。

首战必胜。1950 年 10 月 25 日上午，南朝鲜军一个加强营被志愿军第四十军一个团歼灭，打响了抗美援朝战争的第一仗，以光荣的胜利拉开了伟大的抗美援朝战争的帷幕。这一天后来被定为中国人民志愿军抗美援朝纪念日。

1950 年 11 月 25 日，彭德怀、邓华指挥发动第二次战役，创造了全歼美军一个整团的纪录。这次战役，共歼敌 36000 余人，其中美军有 24000 余人，恢复了朝鲜民主主义人民共和国的全部领土，迫使敌人退至“三八线”以南地区转入防御，从而扭转了朝鲜战局，奠定了抗美援朝战争胜利的基础。

1950 年 12 月 31 日，中朝军队发起第三次战役，一举突破“联合国军”和南朝鲜军“三八线”的既设阵地和纵深防御，粉碎其争取时间、整军再战的企图，毙伤俘敌 19000 余人，占领汉城，将战线推进到北纬 37 度线附近地区。

从 1950 年 10 月 25 日到 1951 年 6 月 10 日，中国人民志愿军连续发起五次大规模战役，五战五捷，共歼敌 23 万余人，从根本上改变了朝鲜战争的形势，把战线稳定在敌人发动战争的“三八线”附近地区。美国政府通过外交途径向中朝方面作出了通过停战谈判结束敌对行动的表示。

陈赓，湖南湘乡人，“黄埔三杰”之一，历经北伐战争、南昌起义、长征、抗日战争、解放战争、朝鲜战争，屡建奇功。

1950 年 11 月 1 日，陈赓从越南回国。中国人民志愿军赴朝的消息令陈赓夜不能寐，他在日记中写道：“工作是艰苦与残酷的，我准备贡献我的一切。”①

1952 年 4 月，彭德怀奉命回北京治病，陈赓代理志愿军司令员兼政委，提出了著名的坑道战法。

在陈赓的领导下，中国人民志愿军在朝鲜半岛 250 公里长的正面战线形成了以坑道工事为骨干的防御体系，有力地抗击了美军陆海空优势力量的攻击。震惊中外的上甘岭战役，更加雄辩地证明了坑道战术的成功。

① 《陈赓日记》，人民出版社 2013 年版，第 329 页。

朝鲜战争停战时，志愿军构筑的大小坑道总长1290多公里，挖的战壕和交通壕共长6440公里，全部工程可用一立方米的土墙环绕地球一周半。1952年6月，陈赓奉调回国。

邓华，湖南郴县人，1952年7月，由志愿军副司令员兼副政委改任志愿军代理司令员兼政委，是唯一亲历抗美援朝战争全程的志愿军首长。

1952年10月14日，邓华亲自部署指挥上甘岭战役。美军先后投入6万多人的兵力，在飞机、火炮的掩护下，分成6路对上甘岭597.9高地和537.3高地进行毁灭性的轰击。一天之内，敌人向3.7平方公里的狭小高地，发射炮弹30万发，飞机投掷重磅炸弹500余枚。所有掘开式工事被炸毁，一米多深的战壕被炸平，花岗岩的石头被炸成粉末，所有山头都被削平。志愿军出动兵力4万余人，使用火炮140余门，发射炮弹40万发，在单位火力密度上创造了人民军队作战的最高纪录。鏖战43天、反复争夺59次，上甘岭成为一道“攻不破的防线”。

邓华深入研究中外抗登陆作战经验，提出了具有我军特色的抗登陆作战指导方针和防御原则，这也是我军首次对抗登陆作战理论与实践的探索和思考，“为抗美援朝战争的最后胜利铺平了道路”。

1954 年 10 月，邓华回国后，杨得志接任志愿军司令员至 1955 年 4 月。杨得志，湖南醴陵人。长征中，指挥红一军团 1 师 1 团突破乌江天险，强渡大渡河。1934 年 3 月，《红星》发表红一军团政治委员聂荣臻撰写的社论——《把第一团顽强抗战的精神继续发扬光大起来》，号召全军团的部队都要学习杨得志任团长的红一军团第一师第一团的敢打敢拼精神。1951 年 2 月上旬，《中央军委关于轮番作战方针的指示》提出了在朝鲜采取轮番作战的方针，决定将杨得志任司令员的第十九兵团作为第二番部队赴朝参战。杨得志是朝鲜战场“地道战”的首倡者，上甘岭坑道防御作战很好地检验了这一战术成果，粉碎了敌人的“金化攻势”。

上甘岭战役期间，毛泽东为志愿军拼死斗争的精神所鼓舞，在为中共中央、中央军委起草给彭德怀、邓华、杨得志等志愿军领导人和全军指战员的贺电中说：“此种作战方法，继续实行下去，必能制敌死命，必能迫使敌人采取妥协办法结束朝鲜战争。”[1]

杨勇，湖南浏阳人。1955 年 4 月至 1958 年 10 月，杨勇担任志愿军司令员，是志愿军最后一任也是任期最长的司令员。

金城战役是抗美援朝战争中规模最大的阵地攻坚战，也是抗美援朝最后一战，由二十兵团司令员杨勇、政治委员王平负责指挥。

战役从 1953 年 7 月 13 日 21 时开始，历时 15 天，志愿军第二十兵团和第 24 军成功突破南朝鲜一线 4 个师防守的宽达 25 公里的坚固阵地，向南扩展阵地 160 多平方公里，将战前金城以南的东西战线拉直，改善了防御态势，共歼敌 53000 余人，是预定歼敌人数的 3 倍多。

金城战役的胜利极大打击了南朝鲜军队和“联合国军”的士气，有力配合了和谈，迫使美国和南朝鲜军队于 1953 年 7 月 27 日在朝鲜停战协议上正式签字。

1958 年 10 月 24 日，杨勇率最后一批志愿军回国。周恩来称赞杨勇

---

① 中共中央文献研究室编：《毛泽东年谱（一九四九——一九七六）》第一卷，中央文献出版社 2013 年版，第 618 页。

★ 朝鲜军民热烈欢送中国人民志愿军

“为抗美援朝画上了一个完美的句号”。

1958 年 10 月 30 日，杨勇在全国人民代表大会常务委员会和中国人民政治协商会议全国委员会常务委员会扩大的联席会议上作《中国人民志愿军八年来抗美援朝工作报告》，该《报告》指出：“朝中人民以铁的事实向全世界庄严地宣告：帝国主义横行霸道的时代已经一去不复返了。”①

烽烟滚滚唱英雄，四面青山侧耳听。无湘不成军。在抗美援朝战争中，67000 名湖南将士以生命和鲜血，谱写了一曲英雄儿女的铿锵壮歌。

1950 年 11 月 25 日，美军轰炸机向志愿军司令部投下凝固汽油弹，毛泽东的长子毛岸英献出了年轻的生命。彭德怀沉痛哀悼：“毛岸英是我们志愿军的第一个志愿兵。”

噩耗传到北京，毛泽东沉默了很久，却对在场的工作人员说：“牺

① 中共中央文献研究室编：《建国以来重要文献选编》第十一册，中央文献出版社 1995 年版，第 536 页。

★ 毛岸英

牲的成千成万，无法只顾及此一人。事已过去，不必说了。”[①] 为有牺牲多壮志，敢教日月换新天。1959 年 6 月 25 日，毛泽东回到故乡，写下了著名的诗篇《七律·到韶山》。

毛泽东一家，为新中国牺牲了六位亲人。1929 年，堂妹毛泽建牺牲，时年 24 岁。1930 年，夫人兼战友杨开慧牺牲，时年 29 岁。1935 年，胞弟毛泽覃牺牲，时年 30 岁。1943 年，胞弟毛泽民牺牲，时年 47 岁。1946 年，侄子毛楚雄牺牲，时年 19 岁。1950 年，长子毛岸英牺牲，时年 28 岁。

1966 年，著名作家周立波应广州《羊城晚报》约请，写作并发表散文《韶山的节日》。文章写道：这个可敬的家庭集中表现了中国人民的智慧、义烈和敢于降龙伏虎的无畏气概。由于这一精神，我们亲爱的祖国终于打退了侵略，摆脱了压迫，扫灭了一切害人的精怪，像巨灵一样地屹立在宇宙之中。

① 中共中央文献研究室编：《毛泽东年谱（一九四九——一九七六）》第一卷，中央文献出版社 2013 年版，第 276 页。

★ 杨开慧

何家英
中国画

毛泽东在《抗美援朝的胜利和意义》一文中一语道破战争背后的人民因素:“帝国主义侵略者应当懂得:现在中国人民已经组织起来了,是惹不得的。如果惹翻了,是不好办的。”[1]

在中国共产党的领导下,中国人民的高度组织与全力支持不仅推动了中国革命走向胜利,也为抗美援朝战争的胜利打下了牢固的社会基础。

在伟大的抗美援朝战争中,湖南人民迅速组织起来。他们把工厂当成战场,把机器当成武器,把激情当成火药,把奉献当成必需。先是《新湖南报》,在朝鲜战争爆发后的四天,即发表了《中国人民决不害怕挑衅》的评论文章,表明中国人民的立场,表明湖南人民的态度;又在美国操纵联合国并以美国军队为主的15个国家组成的“联合国军”开入朝鲜半岛作战的关键时刻,发表《恶狗必须用粗棍打》的社论文章,表明湖南人民对战事的关切,为后来的三湘儿女以各种方式支援抗美援朝战争做好了思想动员。1950年11月6日,湖南即成立了抗美援

① 《毛泽东军事文集》第六卷,军事科学出版社、中央文献出版社1993年版,第355页。

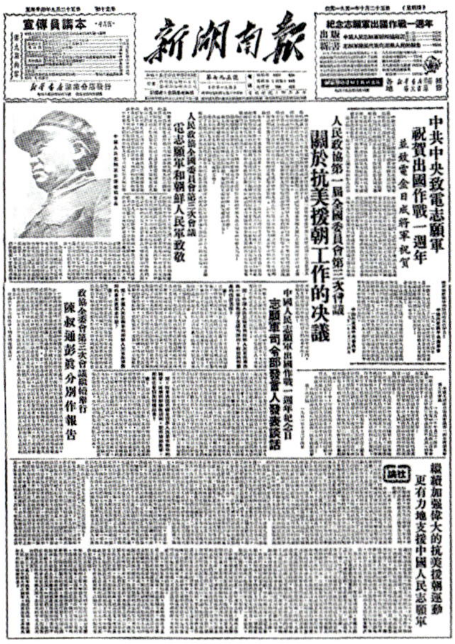
新湖南報

宣傳員讀本

紀念志願軍出國作戰一週年

中共中央致電志願軍
祝賀出國作戰一週年
並致電金日成將軍祝賀

人民政協第一屆全國委員會第三次會議
關於抗美援朝工作的決議

人民政協全國委員會第三次會議
電志願軍和朝鮮人民軍致敬

政協全委會第三次會議繼續舉行
陳叔通彭真分別作報告

中國人民志願軍出國作戰一週年紀念日
志願軍司令部發言人發表談話

社論
繼續加強偉大的抗美援朝運動
更有力地支援中國人民志願軍

★ 1951 年 10 月 25 日的《新湖南报》刊登抗美援朝相关报道

朝湖南分会。时任湖南省军政委员会主席的程潜任分会主席。第二天，湖南省人民政府主席王首道在电台发表《在抗美援朝中湖南人民应有的努力》的讲话，动员全省人民和军队支持抗美援朝斗争。到 11 月底，省总工会筹委会发出《关于开展爱国主义生产竞赛的指示》，把抗美援朝运动作为一项“主要战斗任务”加以部署，完成了全省性的抗美援朝大动员、大布局。一场轰轰烈烈的支援志愿军、保家卫国的特殊“战斗”在湖南全境打响。湖南的知识女青年纷纷报名上天山，支援新疆边关建设，男青年踊跃参军，去往抗美援朝最前线。与此同时，全省境内以集腋成裘的方式，捐款捐物，全省共捐献人民币 1986 亿元（旧币），折算下来，可购买战斗机 132 架。1951 年 6 月 16 日新华社报道，湘潭、醴陵、长沙、华容、平江等县人民及衡阳铁路局职工，纷纷在增加生产、增加收入的基础上，发起捐献“毛泽东故乡号”“左权号”“长沙农村号”“华容号”“平江号”“衡铁号”“湖南农民号”飞机的倡议与行动，极大地支持了抗美援朝前线的正义之师，在取得新中国立国之战这一伟大战争的胜利丰碑上，写下了三湘儿女的英雄义烈故事。

湖南，湖南，永远的湖南，英雄的湖南，英雄的湖南人民！

富起

青春特区的高楼春笋样儿地长，
打工族的轿车满载圆梦喜悦归了故乡；
小伙儿把奋斗的理想涂满金阳般底色，
大姑娘的婚约憧憬，身披五彩霓裳。

富起来！富起来呀！
富起来的人民喜气洋洋，
富起来的社会惠风和畅。
富起来的土地披金染绿，
富起来的夜空群星闪亮。

序诗

富起来

历史的烟雨重塑了你高贵的形象，
八百里奔波记录着你忠贞的守望；
你从衡岳的松涛里笑盈盈走来，
春风满怀，披染一身霞光！

洞庭波涌兮九嶷苍苍，
长岛潮起兮芙蓉芬芳。
湘水多情兮滋润心之沃野，
党情处处兮书写民生诗行。

潇湘八景兮处处春情绘画梁，
雁峰回头兮曲曲声歌唱八荒；
柳毅传书兮天涯追梦天涯客，
贾谊再世兮愿写新赋献华章。

砥砺潇湘

第二篇

CHAPTER
TWO

1949 年 8 月 5 日晚，人民解放军进驻省会长沙，从而宣告湖南和平解放。新华社报道说："当长沙市民带着一天一夜的疲劳走进自己的家门时，眼望着东方的晨曦，他们不禁兴奋地说：天真正亮了。"

8 月 25 日，新华社刊登毛泽东亲自修改的时评《湖南起义的意义》，其中指出："程潜、陈明仁两将军在湖南起义，严重地震撼了华南、东南、西南、西北的国民党军残部。湖南的起义告诉他们，对于人民解放军的抵抗是没有前途的，唯一的光明前途，就是脱离蒋介石、李宗仁、白崇禧集团，接受中国共产党的领导，而无论什么人，只要真正做到这一步，就有受到人民谅解的希望。"[①] 湖南和平解放，创造了北平和平解放之后的"长沙方式"，使湖南人民免遭一场战争浩劫，给予国民党反动政权以沉重打击，对于大西南的解放和全国解放战争的最后胜利以及新湖南的经济社会发展产生了深远影响。

湖南发展的新纪元，徐徐开启。

---

① 中共中央文献研究室编：《毛泽东年谱（一八九三— 一九四九）》（修订本）下卷，中央文献出版社 2013 年版，第 558 页。

一代人有一代人的使命，一代人有一代人的担当。

新中国成立前的湖南，生产力水平低下，经济十分落后。田园荒芜，百业凋零，物价飞涨，民不聊生。1949 年解放时，当年粮食总产量仅为 6404 万吨，工业总产值只有 3.18 亿元。

筚路蓝缕，以启山林。长歌奋进，众志成城。

潇湘儿女，响应国家的号召，到农村去、到边疆去、到祖国最需要的地方去。战天斗地，气吞山河。广阔天地，大有作为。

没有坐享其成的收获，唯有奋斗得来的发展。

雄关漫道，风雨兼程。砥砺前行，接续奋斗。

中国革命发源地之一的潇湘热土，创造了战天斗地的豪迈史诗，谱写了荡气回肠的英雄赞歌。

2019 年 10 月 1 日，庆祝中华人民共和国成立 70 周年大会在天安门广场隆重举行。习近平总书记在讲话中指出："中国的昨天已经写在人类的史册上，中国的今天正在亿万人民手中创造，中国的明天必将更加美好。”[1]

时代不会停步，历史没有终点。

① 习近平：《在庆祝中华人民共和国成立70周年大会上的讲话》，人民出版社2019年版，第3页。

第一节

翻天覆地

我们唱着东方红，当家作主站起来。

1949 年 8 月，朗朗秋日，韶山迎来了新天地，命运从此掌握在人民的手中。整个韶山一片沸腾。

一年后的 1950 年 10 月，韶山村民聚集在一起，用兴奋的心情向他们村里走出的书生 —— 毛泽东写了第一封信，报告解放以来村子里的新变化："我们这些泥巴腿，已经抬起了头，当了家了，并且平安地渡过了春荒夏荒，又得了一个差不多十成丰收的年成⋯⋯我们想，没有共产党的领导，莫说今年没得秋收的增产，而且连饥荒也没法子渡过的。"这封信的后面，是几百位农户户主的签名，农户们用的是乡下俗语，感觉上就是在与从这里离开去干革命的韶山同乡聊天，"就好像与毛泽东同坐在炉膛边、禾场上话家常一样"。

1953 年 9 月下旬，韶山村民掩饰不住翻身解放后的喜悦，再次提笔给毛泽东写信："毛主席，我们乡里丰收了，大家都很高兴，许多人家添家具、盖新房、缝新衣，连四五十岁的老年妇女也买了新钢笔学文化了。从前我们乡里是靠国家粮食接济的，今年我们有余粮卖给国家了。"

韶山人书信里的那些家常话，描述着夺取丰收的喜悦、学习文化的自豪、日子一天天好起来的幸福……对比新中国成立之前的满目疮痍，百废待兴，恍如隔日。

韶山的变化，只是湖湘大地巨变的一个缩影。

1954 年，湘潭行署所办的《建设报》发表通讯《韶山，你变得多快啊》，报道一位叫苏东明的转业军人，离家 5 年后竟然已认不出曾经荒僻、而今正在快速发展的美丽韶山。韶山也在积极支援抗美援朝战争，写信祝贺世界青联理事会召开…… 韶山人以他们特有的政治敏锐性不断关注、了解、参与着中国乃至世界的大事。

时光往前推溯五年，即 1949 年的 3 月 5 日，在西柏坡召开的中共七届二中全会上，毛泽东宣布："我们不但善于破坏一个旧世界，我们还将善于建设一个新世界。"[①] 建设新世界的序幕拉开了，一个新的时代开始了，人们在党的领导下迅速行动。

一个伟大的时代，会有这样那样的局限，但一盘散沙早已远去，激

① 《毛泽东选集》第四卷，人民出版社 1991 年版，第 1439 页。

情与力量正在迸发。这个时代承载了太多光荣与梦想、痛苦和希望。而奋斗的足迹则记录下了时代的印记。

往昔峥嵘岁月，今日壮志雄心。这是历史的幸运，也是发展的征途。

“万里山河华夏地，千年王朝几度沉。”土地是中国政治、经济和社会问题的承载体。土地问题也是两千年来观察和解决历朝治乱循环的钥匙。一部中国史，也是一部土地制度变革史。

“地诚任，不患无财。”深植于血脉的土地情结，是中华民族数千年农耕文明中的共有特征，这不仅在于其同农民生计和社会稳定的联系，还在于其生产资料的本质属性。土地对农民而言，可以是费孝通《乡土中国》中提到的“命根子”，也可以是秦牧在《土地》中做的比喻——“哺育自己的母亲”。“耕者有其田”，可以说是中国农民世世代代的梦想。

然而，两千多年的社会现实是“千年田地八百主，田是主人人是客”。由于土地私有，允许自由买卖，土地容易集中到地主手中，农民容易遭到剥削，甚至失地沦为流民，成为影响社会稳定的因素。

新中国成立前，湖南农村的土地占有情况是：占农村人口 4% 的地主，竟占了所有耕地的 50% 以上，而占农村人口 90% 以上的贫农及其他人口，仅占有 32% 的土地。湖南农村的土地占有情况，是整个中国的缩影。

"得农村者得天下。" 1936 年，毛泽东在延安对美国作家斯诺说道："谁赢得了农民，谁就会赢得了中国，谁解决土地问题，谁就会赢得农民。"① 中国共产党之所以领导中国革命走向成功，正是因为在复杂纷繁的因素中，抓住了农民这个核心；在农民问题上，又抓住了土地这个根本。在百年奋斗征程中，中国共产党对包括土地问题在内的"三农"问题下了大力气。十年内战时期是"打土豪，分田地"即开展土地革命，全民族抗战时期主要的土地政策是减租减息，解放战争时期则实行"耕者有其田"政策即土地改革。

在全国范围内废除旧社会留下来的封建土地制度，是新中国成立后面临的更加广泛而深刻的任务。

① ［美］洛易斯·惠勒·斯诺：《斯诺眼中的中国》，王恩光等译，中国学术出版社 1982 年版，第 47 页。

★ 《中华人民共和国土地改革法》颁布

1950 年 6 月，《中华人民共和国土地改革法》公布实施，《土地改革法》规定“废除地主阶级封建剥削的土地所有制，实行农民的土地所有制”。

1950 年 5 月，湖南成立省土地改革委员会，并开始在 167 个乡进行试点。到 1953 年春湖南土改基本完成时，约有 1890 多万无地少地农民分得了 2610 万亩土地。

土地改革真正实现了中国农民数千年来得到土地的奋斗目标，使农民真正从经济上翻身做了主人。分到了田地的农民在地桩上写下了这样的诗句：

春雷一声平地起，
斗倒地主分田地。
农民翻身心欢喜，
感谢恩人毛主席。

土地改革最深入、最广泛地调动了农民群众革命和建设的积极性，使农业生产力获得了极大的解放，这点从湖南的数据可以看出，全省1952年的粮食产量比1950年增产38%。

这是一个时代的飞跃，也是解放和发展生产力的飞跃。通过土地改革，湖南有了稳定发展的基础，有了从站起来到富起来的基本保障。

今天美丽富足、人杰地灵的秘境湘西，新中国成立前长期被视为偏远地带，发展水平较低，老百姓口中的湘西有“三多”：枪多、匪多、大烟多。而持枪、贩大烟，又都是土匪的重要特征。

1987年，《乌龙山剿匪记》在央视播出，这部讲述解放军剿匪的电视剧并非热门题材，却在之后引发了收视狂潮。事件的背景，正是湘西剿匪。

“三天无雨遭旱灾，一场大雨成水灾，十年难逢几回熟，一年难得几日足”的悲歌，是湘西地区的真实写照。

湘西是个地域概念，在历朝历代皆属统治薄弱区域。直到清朝政府实行“改土归流”，废土司，设流官，中央集权才在湘西地区得以真正建立。到近代，随着封建王朝的覆灭，中央集权统治在这里变得松散。以田应诏、陈渠珍为首建立的湘西自治政府，与国民党中央政权若即若离，各县纷起的武装与县政府不相统属。这些地方武装既杀人抢物、绑票讹钱、鱼肉乡里，也拒绝外来势力干预。蒋介石曾因此宣布湘西为“匪区”，国民党曾多次出兵湘西“剿匪”，俱遭败绩。新中国成立初期，潜伏的土匪武装多达十万之众。他们伙同国民党残部打起“湘鄂川黔反共救国军”旗号，猖獗地袭击干部群众。

建设新中国，巩固新生人民政权，需要安定的社会环境。匪患严重威胁社会安宁，成为恢复经济、实现各项社会改革的障碍。中国共产党敢于向匪患亮剑。

1950 年 1 月，中共湖南省委召开第一次党代表会议，提出将肃清土匪特务列为全省全年三项中心任务之一，要求尽最大力量首先消灭全省各地的土匪，尤其是湘西土匪。随后，在湖南省委书记黄克诚的领导下，全省军民开展了轰轰烈烈的剿匪运动。

湖南省委着眼全局，制订了剿匪的具体计划，决定将湖南划分为清剿匪特的中心区和边缘区。在重点消灭湘西土匪的同时，湘中、湘南等地也继续清剿境内残匪、散匪。

八面山位于湘西龙山县境西南角，是湘鄂川三省交界处。土匪司令

★ 剿匪部队在张贴宣传标语

部当年就设在悬崖绝壁上的燕子洞。洞很深，能容下几百人。1951年1月21日，解放军战士从悬崖绝壁用钩杆爬上山顶，再从山顶顺着绳索从天而降，出敌不意攻下了燕子洞，一举端掉了这个土匪老巢。

截至1952年底，湖南全省共消灭土匪20余万名，其中湘西土匪10余万名。湖南剿匪斗争取得彻底胜利，湘西百年匪患被根本清除。湘西朗朗乾坤的景象出现了。

人民解放军为消灭土匪建立了丰功伟绩，广大群众称赞他们“办到了神仙也办不到的事情”，不少群众在送别时，都自发地将家里不多的山货塞入官兵手中，以表达感谢之情。

人民解放军为剿匪付出了血的代价，仅四十七军即在湘西伤亡1300多名战士，坐落在沅陵、永顺、会同等地的“湘西剿匪胜利纪念碑”上镌刻着牺牲烈士的英名。黄克诚为纪念碑题词：“消灭土匪恶霸，功在湘西人民，牺牲烈士永垂不朽！”

“洞庭八百里，玉盘盛水银。”“湖南”之名，正是因位居洞庭湖之南。根据《水经·湘水注》记载，“广圆五百里”的洞庭湖在东晋南朝时期已经形成。唐宋时期，荆江洪水随着云梦泽的萎缩继续南泄，洞庭湖终于拥有了八百里浩渺烟波。洞庭湖不仅是自然的恩赐，更是湖湘文化传承的重要依托。

从宋代的“苏常熟，天下足”到明代的“湖广熟，天下足”，湖湘之地成为“天下粮仓”的背后，是剧增的人口对辽阔耕地的渴求。洞庭湖区的围湖造田速度陡然加快。到乾隆九年，洞庭湖已是“湖滨之地，尽皆筑垸为田，湖面已非昔比”。而水道的大量堵塞，使得湖区的淤积迅速增多，又导致蓄洪能力下降；更使得钉螺面扩大，血吸虫危害上升，洞庭湖成为我国洪涝灾害和 血吸虫病最严重的地区之一。

血吸虫病是一种传染危害极大的寄生虫病。两千多年前的马王堆西汉女尸体内，就已经发现了血吸虫卵。到新中国成立初期，上海、江苏、浙江、江西、安徽、湖南、湖北、广东、广西、福建、四川、云南等12个省、区、市243个县市流行血吸虫病，患者约1000万人，约一亿人受到血吸虫病的威胁。在血吸虫病严重流行地区，流传着这样的民谣：“身无三尺长，脸上干又黄。人在门槛里，肚子出了房。”“妇女遭病害，只见怀胎不生崽。难听婴儿哭，十有九户绝后代”，甚至还出现了“千村薜荔人遗矢，万户萧疏鬼唱歌”的恐怖景象。

为中国人民谋幸福、为中华民族谋复兴是中国共产党的初心和使命。中国共产党是基于这一使命而成立的，也正是因为初心和使命的激励，无论面临什么样的风险和挑战，中国共产党都能义无反顾、风雨兼程，团结带领人民谱写气吞山河的壮丽史诗。

新中国成立后，我们党从一开始就高度重视血吸虫病。1951 年 3 月，毛泽东同志派人到余江县调查，首次确认余江县为血吸虫病流行县。1953 年 4 月，他又派医务人员到余江县马岗乡进行防治血吸虫病的重点实验研究。1953 年 9 月，在上海养病的沈钧儒发现周围一些农村血吸虫病十分猖獗，便给毛泽东同志写了一封信，建议加强并改进血吸虫病防治工作。这封信让毛泽东同志意识到，血吸虫病是一个具有普遍性的重大问题，他很快复信指出："血吸虫病危害甚大，必须着重防治。"①

1955 年 11 月，毛泽东在杭州召集华东、中南地区省委书记开会研

① 中共中央文献研究室编：《毛泽东年谱（一八四九—一九七六）》（修订本）第二卷，中央文献出版社 2013 年版，第 171 页。

★ 洞庭湖区百万群众围垦灭螺

究农业问题期间，特意把卫生部副部长徐运北叫来，要他详细汇报防治血吸虫病的工作。他一边听汇报一边强调指出：对血吸虫病要全面看，全面估计，它是危害人民健康最大的疾病，一千多万人受害，一亿人民受威胁，应该估计到它的严重性。共产党人的任务就是要消灭危害人民健康最大的疾病，防治血吸虫病要当作政治任务，各级党委要挂帅，要组织有关部门协作，动员人人动手，大搞群众运动。为此，他向大家发出了一个伟大的号召：一定要消灭血吸虫病！

1956 年 2 月，毛泽东同志在最高国务会议上号召全党动员、全民动员，消灭血吸虫病。

根据党中央和毛泽东的号召，湖南省委随后成立防治血吸虫病 5 人小组，领导全省血吸虫病防治工作。到 1955 年，第一批“血防人”完成了对岳阳、临湘、湘阴三个县的疾病普查工作，并总结出了土埋灭螺法、药物灭螺法、水淹灭螺法等灭螺方法。省血吸虫病防治所的队伍扩大到 47 人，岳阳、沅江、华容、澧县等地设立了血吸虫病防治专业机构。更多的干部群众被发动起来，投入防治血吸虫病的人民战争中去。

1958 年 6 月 30 日，《人民日报》报道了江西省余江县首先消灭了血

★ “血防人”在开展灭螺工作

吸虫病的喜讯。防治血吸虫病取得的巨大成绩，成为新中国建立农村公共卫生体系的重要标志。消息传来，全国人民拍手称庆。毛泽东看后“浮想联翩，夜不能寐”，欣然挥毫写就了《七律二首·送瘟神》：

春风杨柳万千条，
六亿神州尽舜尧。
红雨随心翻作浪，
青山着意化为桥。
天连五岭银锄落，
地动三河铁臂摇。
借问瘟君欲何往，
纸船明烛照天烧。

在历届省委、省政府的领导下，湖南的血吸虫病防治工作一步一个脚印，稳步推进。1966年8月23日，湖南省内血吸虫病的检查和治疗开始免费。1977年5月25日，中共湖南省委指出，消灭血吸虫病要抓住灭螺这个主要矛盾。1985 年 11 月 18 日，中央血防领导小组批准慈利县为湖南第一个消灭血吸虫病县。1985 年，湖南省已消灭钉螺面积 324 万亩，年查出血吸虫病人由 30 年前的 34 万余人减少到 3 万人左右，血吸虫病得到有效遏制。“瘟神”不再，美丽的洞庭湖区呈现出一派安居乐业的景象。

圣人之治，其枢在水。水是生命之源，也是农业的命脉，水利建设是安民兴邦的大事。

我国河湖众多，孕育了华夏文明和农耕文化。由于受季风气候的影响，降水的时空分布不均匀，各大江河流域洪涝、干旱灾害发生频繁。根据史料记载，从公元前 206 年到 1949 年的 2000 多年间，共发生较大的洪涝灾害 1000 余次。

在中华民族波澜壮阔的历史进程中，留下无数治水的美谈。大禹提着长剑，穿着麻鞋，用炯炯有神的眼睛，巡视着当时的中原大地，从“避”到“治”，从“堵”到“疏”，再到“导”，他兴利除害，为民造福，使“大河上下，顿失滔滔”。千秋万代传颂他“三过家门而不入”的事迹，赞叹他以天下为己任的情怀。大禹治水与愚公移山，成为中华民族征服自然、改造自然的形象样本。后来，郑国渠、都江堰、灵渠、通济堰，都是治水的成功范例。东汉王景，宋朝范仲淹、王安石，元朝郭守敬，明朝治黄名臣潘季驯等无不留下治水的不朽事迹。研究中华文明，治水是传统治理的一个重要方面。它与确立封建秩序的车同轨、书同文、行同伦一起，被誉为中国古代治理的两大闪光点。一部中国古代史，也是一部波澜壮阔的治水史。

新中国成立后，中国共产党高度重视治水。1953 年，毛泽东在视察长江时指出："水治我，我治水。我若不治水，水就要治我，我必须治水。" 洞庭波涌连天雪，长岛人歌动地诗。在中国共产党的领导下，湖湘子弟以果敢的行动，谱写了一曲惊天动地的治水兴湘史，真正从自然条件上改变了"蛮荒之地"的"千年印象"，将穷山恶水之地变成安居乐业之乡。

治水除害保安澜。湖南地理位置和自然条件特殊，水灾频发，历朝历代统治者都把治水放在十分重要的位置。然而，受生产力发展水平限制和生产关系制约，先辈们虽付出过艰辛努力，但湖南水利事业进展一直曲折而缓慢。1949 年的湖南，湘、资、沅、澧四水干流及主要支流上，没有一处控制性水利工程；洞庭湖区大小堤垸 900 多个，垸老堤矮、水系紊乱，堤防长度 6400 多公里，其中一半是险堤。当年汛期，长江流域遭遇大洪水，洞庭湖区堤垸溃决 400 多个。

以毛泽东同志为核心党的第一代中央领导集体高瞻远瞩，在百废待兴的年代及时发出了“治理水患、造福人民”的伟大号召，动员千军万马大兴水利。饱经洪涝之苦的三湘儿女，在历届省委、省政府的带领下，以改天换地的坚定信心和必胜勇气，开展了气壮山河的水利建设。

洞庭湖因其特殊的位置和作用，一直是全国治水的一个重点和难点，湖湘儿女为此付出了艰辛的努力。从 1949 年到 1954 年，通过“合修大圈，堵支并流”等措施，洞庭湖区堤防长度削减至 3471 公里，险堤减少到 1291 公里。此后年年肩挑手扛加高加固堤防，洞庭湖区日趋安澜。

筑坝开渠促生产。湖南水系发达，河流众多，水利及水能资源丰富。但是在新中国成立前，湖南仅有 16 座小型水库，灌溉面积小得可怜。

新中国成立后，在国家的大力支持下，湖南各地掀起了兴修水库等水利工程的热潮，筑大坝、挖渠道、建泵站、促生产，逐步形成了各类

★ 美丽的洞庭湖

型水库遍地开花的喜人局面。

1958年，兴建了黄材、官庄、王家厂、水府庙、黄石、酒埠江和双牌水库7座蓄水量在1亿立方米以上的大型水库，27座中型水库，1582座小型水库，小的塘坝沟渠工程无数。同年7月，柘溪水电站开工建设，这是我国自行勘测设计、施工、制造设备、安装建成的以发电为主，兼有防洪、航运、养殖等综合效益的第一座大型水电站。1961年10月第一台机组试运行，1962年1月28日并网发电。该水电站一直是湖南电网主力电源，对全省工农业生产的发展和城乡居民用电发挥着举足轻重的作用。

不断完善的水利设施，为湖南农业生产高产稳产特别是粮食持续多年大丰收提供了必要保障。涓涓清流，滋润大地，万顷良田，旱涝保收，使历史上“湖广熟，天下足”的美誉实至名归。

“一个粮食，一个钢铁，有了这两个东西就什么都好办了。”毛泽东朴素的话语，深刻阐明了一个大道理，即大国崛起必须以强大的工业为基础。

现实是残酷的。在新中国成立前，湖南工业几乎为零，基础十分薄弱，是典型的农业省份。1949 年，全省仅有 24 家官营企业和 1376 家私营小型工业企业，工业总产值 3.18 亿元，工业净产值仅占国民收入的 6.9%。湖南工业生产能力的严重不足，难以满足人民生产和生活的基本需求，更何谈为国家崛起作贡献。

把湖南建设成为工业强省，是湖南人民的殷切期望。新中国成立后，湖南工业建设的大幕徐徐展开。

全省仅用 3 年时间就完成了国民经济的恢复工作，1952 年工业总产值比 1949 年增长 1.4 倍。“一五”期间，湖南集中力量进行大规模的工业建设，重点建设骨干和支柱工矿企业，初步构建了全省工业体系，为发展现代工业奠定了基础。

1956 年，毛泽东在《论十大关系》中就中国经济区域问题提出要处理好沿海与内地工业的关系，强调要注意工业布局平衡；要处理好中央和地方的关系，强调要重视发挥地方的积极性。

根据这个精神，冶金工业部提出钢铁工业的建设要实行大中小相结合的方针，并制定了“三大、五中、十八小”的方案，即在建设好既定的鞍山、武汉、包头三大钢铁基地的同时，在北京、山西、安徽、湖南、

★ 始建于20世纪50年代的湖南华菱湘潭钢铁有限公司（湖南日报记者傅聪 摄）

四川五省市各建设一个中型钢铁厂，再在东北地区的吉林，华北地区的河北、山西，华东地区的江苏、浙江、安徽、江西、福建、山东，中南地区的河南、湖北、广东、广西，西南地区的四川、贵州，西北地区的甘肃、新疆，共18个省（自治区）各发展一个小型钢铁厂。

1957年，湘潭进入国家这一工业布局。湘潭钢铁厂位列"五中"之一，作为有发展前途，可以建设成50～100万吨钢规模的中型钢厂加以建设。

湘钢于1958年7月1日正式动工，11月一号高炉正式投产。这是湖南第一座现代化高炉。在建厂初期，鞍钢首批职工1045人来厂支援，全国各地数万名职工和家属响应"建设毛主席家乡"的号召，先后来到湘潭参与建设。1960年，湘钢建成了具备当时世界先进水平的线材轧机车间。

1958年开始的"二五"建设时期，湖南建立了另外一个大型钢铁企业——涟源钢铁厂。涟钢于1956年开始筹备，1958年1月从长沙迁至娄底黄泥塘工地办公，9月27日一号高炉正式投产。

烈火淬炼，砥砺而生。

在曾经的田野与荒地上，雄伟的钢城迅速崛起，开始在中国的钢铁产业版图上崛起，挺起了湖湘工业的脊梁。

整个“一五”时期，湖南新建扩建大中型项目40个，其中属于全国156个重点项目的有湘潭钢铁厂、株洲洗煤厂、株洲车辆厂、湘潭电机厂、株洲硬质合金厂、湘潭电缆厂、株洲航空发动机制造厂等。

之后又经过各个时期的建设，建成的重点企业还有涟源钢铁厂、涟邵矿务局、长岭炼油厂、洞庭氮肥厂、岳阳化总厂、柘溪水电站、凤滩水电站、金竹山火电厂、洞庭麻纺厂、株洲冶炼厂、湖南铁合金厂、长沙汽车电器厂、湖南人造板厂等，形成了岳阳石油化工基地，湘潭机电和电器材基地，醴陵瓷业基地，常德食品工业基地，长株潭机械加工及纺织基地，涟邵煤炭、钢铁基地，郴州、衡阳有色金属工业基地，等等。

而资兴矿务局杨梅山煤矿、长岭炼油厂、衡东铅锌矿等，都曾经是工业学大庆的典型旗帜。

在三线建设以及之后的“十年建成工业省”的计划中，湖南大批“三线”企业和“五小”工业逐渐兴起。重工业得到了进一步的发展，食品、建材、轻纺、医药等行业逐渐形成规模，有些新兴的行业如航空、

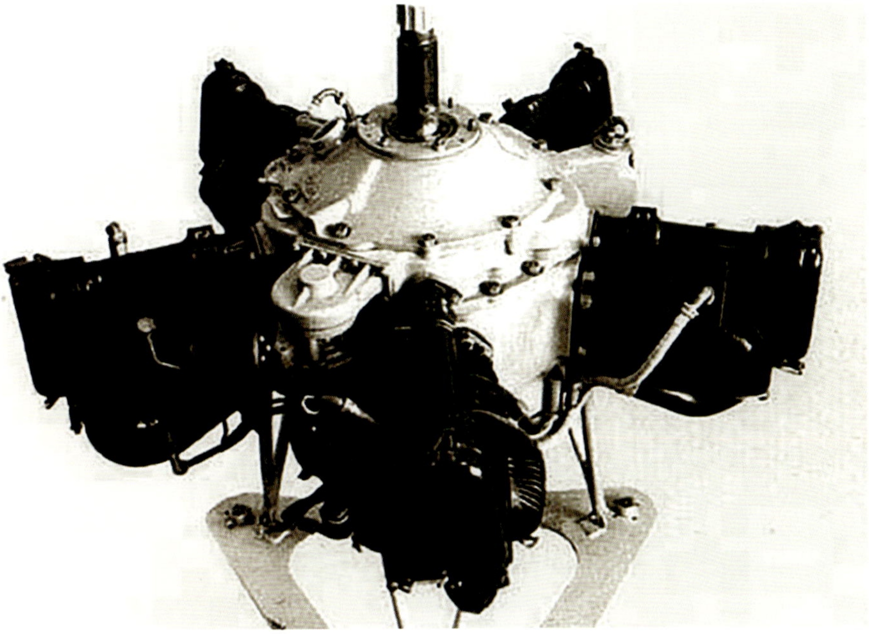

★ 中国第一台 M-11 型航空发动机

电子工业也经历了从无到有、从小到大的发展过程。全省的工业体系基本形成。

1954 年 8 月 16 日，中国第一台 M-11 型航空发动机在株洲国营三三一厂试制成功。

10 月 25 日，毛泽东亲笔给国营三三一厂全体职工签署了一封嘉勉信，祝贺他们试制成功第一批 M-11 型航空发动机，指出“这在建立我国的飞机制造业和增强国防力量上都是一个良好的开端”。[①]

航空发动机是飞机的心脏，具有高度精密复杂的特点，不仅为飞机的飞行提供推动力，也为航空事业的发展提供推动力。航空发动机在一定程度上体现了一个国家在经济、科技、军事发展等多方面的综合实力，在冷战的国际大背景之下，是新中国维护国家安全的重要保障之一。

湖南是国家航空工业较早布局的省份。中国南方航空动力机械公司的前身是湘江机器厂，原系国民党政府于 1936 年兴建的一个小型枪

① 中共中央文献研究室编：《毛泽东年谱（一八四九—一九七六）》（修订本）第二卷，中央文献出版社 2013 年版，第 307 页。

械修理厂，即株洲十一兵工厂。1951 年 6 月改为中央兵工总局中南兵工局株洲二八二厂。抗美援朝时期，为适应战争和空军建设的需要，奉中央重工业部指示，二八二厂在原址基础上改建航空发动机厂，1951 年 10 月 1 日起定名为国营三三一厂（又名湘江机器厂）。它是湖南第一家航空工业企业。1953 年，国家决定将该厂扩建为活塞式航空发动机制造及修理厂，并将其列为苏联对我国援建的 156 项重点工程之一。

建厂初期，14 名苏联专家、842 名大中专毕业生和在华东、华北、西南、中南等地工作的 300 多名老师傅和技术人员，到这里艰苦创业。

此后，公司相继成功研制出我国第一台地面燃气轮机、第一台涡轮喷气式航空发动机、第一台涡桨发动机等产品，同时还研制成功了中国第一枚空空导弹。三三一厂填补了国内多项产品空白。

2018 年 1 月，国营三三一厂进入第一批“中国工业遗产保护名录”。

九层之台，起于累土。

国营三三一厂的精神，在潇湘大地传承。湖南见证了中国航空工业的发展，为国防建设和经济社会发展作出了重大贡献。

★ 王震

新中国成立后，在中国共产党的领导下，湖南发生了翻天覆地的变化。英勇的湖南人民为新中国的边疆建设贡献自己的智慧和力量。

“没有老婆安不了心。”这是浏阳人王震掏心窝子的话。1956 年，王震担任农垦部部长，但他还有一个更为人知的身份 —— 新疆生产建设兵团奠基人。

1949 年 9 月，新疆和平解放。在新疆生产建设兵团司令员兼政治委员王震的带领下，二十万官兵奉命驻守边疆，铸剑为犁，开发建城。戈壁荒漠变良田，狂风沙海成农场，新疆农业由此发展。然而部队进疆后，绝大多数官兵都已超过结婚年龄，成家的凤毛麟角，甚至有一批中年干部和老战士都依然单身。驻疆部队里当时还流传着这样的顺口溜：“抗日战争打硬仗，南下北返饿肚肠，烂（南）泥湾里去开荒，胜利以后去新疆，成了光棍，丢了爹娘。”

如何妥善地解决广大战士和一部分干部的婚姻问题，帮助官兵在西北边陲安家立业，成为燃眉之急。王震苦思良久，便给湖南省委主要领导写信，希望协助招聘一批女兵前往新疆支援，并派新疆军区政治部领导、浏阳人熊晃任招聘团团长。

1950年初，《新湖南报》连续刊登招兵启事。启事中说，新疆军区要招募一批女兵到新疆进工厂、学俄语、上学校、开拖拉机，条件是16岁到25岁，高中以上文化程度的未婚女性。此时，刚刚诞生的新中国，百废待兴，抗美援朝掀起的“参军热”，更是激荡着无数年轻人的心。长沙及周边城市的在校女学生、社会女青年争先恐后报名参军。

营盘街，这是长沙一条普通的街道。但在这里，辛弃疾竖起了“飞虎军”的旗帜，建成了“虎儿军”，成为南宋中后期维护湖南稳定的军事支柱；左宗棠屯兵扎营，建成“楚军”，挥师激战，曾赢得天下英名。

1950年3月8日，也是在营盘街47号，第一批1300多名湘妹子从这里出发，她们高唱着《共青团之歌》，义无反顾地朝着理想飞奔而去。

她们抱着憧憬和信仰，响应国家的号召，要为新中国的建设出力。告别父母时，她们甚至没有来得及想清楚去往西北边陲将会面对什么，更未曾料测到此行将要改变的人生轨迹，甚至子孙的命运。

她们与理想伴行，当装载着她们的车辆告别营盘街、清水塘，转眼将长沙、湖南以及整个长江南北那绿色掩盖的原野和城镇丢弃在视野之外时，她们已经成为战士，这是一批被打上湘女特色的特殊战士。

行军数月，她们终于到达新疆。从 1950 年春天到 1952 年底，共有 8000 多名湘女应征入伍，奔赴新疆，这就是写在中国当代史上的八千湘女上天山的故事。据新疆军区档案馆的资料统计，在这 8000 名湘女中，年龄最大的 19 岁，最小的只有 13 岁。

在新中国成立初期激情燃烧的岁月里，正是这样一群年轻的湘女满怀激情戍边，白天需要历经沙漠的高温炙烤，晚上要习惯戈壁的寒风怒号。她们把湖湘大地的生产技术带进戈壁荒原，传播了文化，推动了社会进步；她们用青春热血和忘我奉献，在茫茫戈壁上留下了砥砺成长中的建设奇迹。她们的事迹深刻体现了敢为人先、敢于牺牲和付出的湖湘精神。她们把重情意、敢担当、讲奉献的精神表现得淋漓尽致，充分体现了湘女之志、湘女之勇、湘女之情、湘女之美！

2021 年 2 月 20 日，习近平总书记在党史学习教育动员大会上发表重要讲话指出，在一百年的非凡奋斗历程中，一代又一代中国共产党人顽强拼搏、不懈奋斗，涌现了一大批视死如归的革命烈士、一大批顽强奋斗的英雄人物、一大批忘我奉献的先进模范，形成了伟大精神，构筑

★ 八千湘女上天山纪念晚会演出照

起了中国共产党人的精神谱系。我们党之所以历经百年而风华正茂、饱经磨难而生生不息，就是凭着那么一股革命加拼命的强大精神。

湘女精神不仅是湖湘精神的体现，更属于我们党的精神谱系之一。它折射的是一种奋发向上的人生态度，一种愈挫愈勇的革命斗志，一种锐意进取的精神状态，一种强烈的忧患意识，一种神圣的使命感，虽历经半个多世纪，仍历久弥新。

2016 年 8 月，湖南省、新疆维吾尔自治区和新疆生产建设兵团"两省（区）三方"联合举办了八千湘女上天山 66 周年纪念活动。《记住那些默默无闻为祖国献身的前辈》一文中这样写道："八千湘女上天山，记载着的是一代人对国家的忠诚，体现的是人民大众对共产党的信仰执着。吃水不忘挖井人。新疆的发展，不能忘记了当年湘女的付出与贡献。我们国家今天的繁荣富强正是千千万万各界劳动英雄付出的结果。""透过湘女天山的青春故事，我们能感觉得到广大人民群众和共产党的初心是一致的，那就是建立强大的人民共和国，完成中华民族的伟大复兴。"

★

第　二　节

芙蓉国里尽朝晖

★ 人民出版社1973年出版的《雷锋日记选》

如果你是一颗最小的螺丝钉，你是否永远坚守在你生活的岗位上。

我要做一个有利于人民、有利于国家的人。

我要把有限的生命，投入到无限的为人民服务之中去。

这是《雷锋日记》中的内容。从湖南望城一直到辽宁抚顺，日记记录了雷锋的成长、成才，也记录了传承至今的雷锋精神。

雷锋精神是一个专有名词，也是一种民族精神；是一段新中国的发展记忆，更是几代中国人的奋斗青春。

虽然雷锋的生命定格在年轻的22岁，他的去世也已超过半个世纪，但他的名字没有随着时光流逝而消逝，而是成为一种穿越时空的正能量。

社会主义建设时期，各行各业的建设者们像雷锋一样投身于社会主义建设的火热实践。他们秉承着初心，以不怕牺牲的乐观主义气概、艰苦创业的无私奉献精神，成就了国家与民族的发展奇迹，铸就了这个伟大征途的众多时代楷模，诠释了共产党人对初心生动而纯粹的坚持。

稻田和荒原上建起了大工厂，偏僻小城变成了新兴城市，工业农业上的各种新第一不断涌现……

不改的是初心，不减的是激情。

传承的是奉献，收获的是巨变。

巨变，一直在快速前进的潇湘巨变，正是为建设一个伟大国家而奋斗的缩影。

建设者们一直在路上。

一万年太久，只争朝夕。执着于理想，纯粹于当下。

在数千年的陆权时代，陆地权益是战争的重要目标，而冲突的场地正是陆地，中原面对的入侵威胁主要来自西北游牧民族。而当世界进入海权时代，临海的国家则拥有着海洋权益。从鸦片战争开始，中国遭受的侵略战争，大都来自东部沿海，而这里也是国家政治、经济、文化最为发达的地区。这种战略地缘形势，对中国形成了深远的影响。

20 世纪 50 年代末 60 年代初，国际局势越发动荡，中国面对周边多种军事势力的威胁，部分边境地区还爆发了小规模的军事冲突。毛泽东和中共中央从国家战略需要和战略布局的角度考虑，决定把我国的生产力布局进行由东向西的战略性转移。从 1964 年开始，中央决定在三线地区开展规模巨大的建设，这是新中国成立后的一次重大经济战略调整。“三线”，即沿边沿海的前线地区为一线，中部为二线，西部为三线。三线建设的目的是在纵深的大西南、大西北地区，建立一个比较完备的后方工业体系。

在这一重大战略布局中，湖南是一颗重要的棋子。位于中部通衢之地的湖南，从古至今就是战略要地，是国防工矿企业进山进洞的理想之地。湘西更是建设后方战略基地的“天然良港”。

毛泽东对三线交通建设十分重视，他曾风趣地说：没有钱，拿我的稿费去搞。

1966 年 2 月 20 日，毛泽东回到湖南，谆谆告诫湖南的党政领导，要搞农业机械化，三线建设要注意发展钢铁生产。1969 年 6 月 28 日，毛泽东又风尘仆仆地来到湖南，提出了更高的要求，希望湖南 10 年建成工业省。之后，毛泽东又多次回到湖南，听取关于三线建设情况的汇报。

湖南的三线建设，生机盎然。三线工程的建设者们，在那个激情燃烧的年代，创造了众多的工程奇迹，不断树起国家建设和发展的里程

★ 1971年1月11日，参加三线建设的民兵在工地凿石移山（刘理勋 摄）

碑，以备战备荒为人民的信念，见证了只有共产党人才能创造的工程奇迹。

“不想爹，不想妈，不想孩子不想家，不出铁水不回家。”

几十个人拉着几吨重的水泥大磙子来回拖碾路面；许多民兵系着绳子悬在峭壁上打炮眼……这样艰苦的施工条件，危险而繁重的工作，都是三线建设中的常态，但这些更加激发起建设者战天斗地的豪情。

根据中央军委1965年一号文件精神而兴建的6501地下军事工程，对外称石油工业部6501工程。当年人们计划将年加工能力为150万吨的炼油厂“靠山入洞”，实为建设湖南岳阳长岭地区战备油库。人工挖掘的山洞全长17000多米，大洞可通火车，被称为“中国地下长城”。炼油厂最终露天择址建厂，并在1988年10月与岳阳化工总厂、洞庭氮肥厂组成国家特大型企业——巴陵石油化工公司，进而发展成千万吨级的炼化一体化企业，推动着全省乃至西南地区经济社会的发展。

1969年，为改善部队军需装备以及解决化纤混纺军服所需涤纶、锦纶等原料的需求，而兴建的包括2348工程（岳阳石油化工联合企

★ 20 世纪 70 年代修建的湘黔线铁路

业）在内的系列工程，给我军军需装备发展提供了物质条件，使不耐磨、臃肿、笨重的棉布军服，变成了耐用、轻便、美观的化学合成纤维“的确良”军服，成为 20 世纪七八十年代中国人的集体记忆。

1970 年，党中央决定修建西南后方的大动脉——湘黔和枝柳铁路，掀起了三线建设的新高潮。到 1970 年 9 月底，参加湘黔铁路建设的人数超过了 60 万。怀化，那座沈从文笔下“一条老街木板楼，烧一袋烟走通头，三个人吵架满城听得见，三千多居民散住在山窝间”的小集镇榆树湾，成为“火车拖来的城市”，亲历着城市与铁路的血脉相生。

三线建设的开展，为湖南经济的崛起、发展积累了丰厚的工业遗产。在各类现代工程建设的推动下，湘中和湘西许多地区的深山沟里照进了现代工业的第一缕阳光。在艰苦的系列工程中，数以百计的建设者为国家献出了生命，但也正是因为他们的舍生忘死，国家发展和国家安全才得到了保障。可以说，三线建设史就是一部艰苦创业史、无私奉献史、团结协作史、开拓创新史，也是共产党人对初心生动而纯粹的诠释。

★ 枝柳线铁路公路两用桥

初心不因来路迢遥而改变，使命不因风雨坎坷而淡忘。

新中国成立后，湖南省地方机械企业正式被纳入国家计划，是在1953年的“一五”计划期间。而在这之前，全省的机械企业所在区域与抗战内迁企业有很大联系，如分布于沅陵、辰溪等地。为适应经济建设的需要，新中国重新规划了湖南机械工业的布局，在长沙、株洲、湘潭等中心城市，兴建和扩建了一批现代化的国营骨干专业厂，分布在湘江和铁路周边，其中8个中央部属厂 就包括长沙汽车电器厂、株洲机车车辆厂、湘潭电机厂、长沙机床厂。

新中国成立后，毛泽东的50次回湘活动，多是在社会主义建设的关键时刻，即便是在治病疗养期间，毛泽东也时刻在操劳。

1960年3月11日，毛泽东没有提前通知，视察了我国第一家汽车电机电器专业制造厂——长沙汽车电器厂，他观看车间工人们的操作，了解技术革新的情况，肯定了工人们的技术革新和成果，并指示要朝机械化、自动化的方向进军。

1968年，毛泽东亲自为独立研制的“韶山1型”第8号电力机车题写“韶山”二字。而这台电力机车，诞生于株洲机车厂。实际上，1958年

★ 韶山灌区

12月28日，株洲机车厂与湘潭电机厂联合研制的中国第一台干线电力机车已成功下线。这也成为株洲机车厂研发制造电力机车的开始。之后，中国第一台交流传动电力机车、世界功率最大的电力机车、中国首台子弹头高速动力机车、全球首个轨道交通转向架智能制造车间等多个中国机车、世界机车“第一”在株洲机车厂诞生。电力机车也成为“中国电力机车之都”株洲的典型代表。

而进入21世纪以来，中车株机电力机车已成为中国制造走向世界的一张国家名片，它的背后，正是“湖南创造”。

1966年6月2日，三湘大地又创造出一个新的水利工程奇迹，10万建设大军凭着“愚公有移山之志，我们有穿山之志”的豪情，仅用十个多月就让韶山灌区大型水利工程竣工通水。韶山灌区如同一幅恢宏画卷，镌刻在湘中大地上。灌区渠道总长近万公里，约相当于地球周长的四分之一。建成50多年来，灌区日夜不停息地灌溉了百万亩农田。让曾经贫瘠的湘中大地，在成为旱涝保收的“大粮仓”的同时，还成为展示多样自然风光和工程景观的水利风景区。

“灌区修得很好，但要看工程发挥的效益，要高产才算……现在不写，灵了再写。”面对湖南希望获得题词的请求，毛泽东留下了这一段话。

这是实事求是的精神，也是共产党人对初心使命的最好诠释。

千家万户留脚印，药箱伴着泥土香。这是一个时代中农村人对“赤脚医生”的美好回忆。

早在1945年，毛泽东在党的七大报告中就强调：“所谓国民卫生，离开了三亿六千万农民，岂非大半成了空话？”[1]1965年6月26日，卫生部部长钱信忠向毛泽东汇报工作说，全国有140多万名卫生技术人员，高级医务人员80%在城市，其中70%在大城市，20%在县城，只有10%在农村，医疗经费的使用农村只占25%，城市则占去了75%。当这样一组数字被毛泽东知悉后，他非常不满，当即作出重要指示：“大量的人力物力应该放在农村，重点在农村！”“把医疗卫生的重点放到农村去嘛！”[2] 这就是著名的“六二六指示”，由此推动了“赤脚医生”的

① 《毛泽东选集》第三卷，人民出版社1991年版，第1078页。

② 中共中央文献研究室编：《毛泽东年谱（一八四九 — 一九七六）》（修订本）第五卷，中央文献出版社2013年版，第505、506页。

诞生。

卫生部逐步将人力、物力和财力的重点放到农村。湖南也在指示发出后几个月里，陆续从各级医疗机构中抽调了5000多人下乡行医。

1965年9月18日，湖南省体育馆。这里正在举行一个特别的动员会。“六二六指示”让现场100多名医疗工作者心潮澎湃。他们都是从各级医院抽调出来，在会后随即奔赴农村开展巡回医疗的。这批医疗队伍，便是湖南最早的“赤脚医生”群体。

随着第一批“赤脚医生”的出发，他们便如春风般出现在湖南农村各个角落。没有规范的医疗场所，他们就用被单围住家宅，用中医药材烟熏消毒，把厨房改成手术室；半夜被敲响房门求医，他们爬起来拿上手电筒，踏着漆黑崎岖的山路赶往病人家；缺少医用药材，他们或翻山越岭采集草药，或在卫生所旁种植药材。

“赤脚医生”解了当时农村缺医少药的燃眉之急。在湖南，“赤脚医生”不仅在农村传播了医疗卫生知识，还有效地控制了包括疟疾、流行性脑脊髓膜炎在内的多种疾病的肆虐。

1968年9月，毛泽东看到上海文汇报刊载的《从“赤脚医生”的成

★ “赤脚医生”在农村行医

长看医学教育革命的方向》后批示“赤脚医生就是好”，“赤脚医生”队伍得以迅速壮大。

湖南也据此加大培训力量，不仅有巡回医疗工作队，同时培养许多当地农村青年成为“赤脚医生”。到 1975 年年底，湖南 1000 多个农村人民公社基本上都建立起了卫生院，培养 1 ~ 3 名“赤脚医生”。20 世纪 70 年代，全国“赤脚医生”人数最多的时候达到 500 多万，其中医生 180 万，卫生员 350 万，接生员 70 万。

1972 年，美国拍摄了一部真实记录“赤脚医生”的纪录片《中国农村的“赤脚医生”》，在国际上引起了强烈反响，将中国的“赤脚医生”推向了世界。

20 世纪 80 年代，农村经济体制改革，合作医疗制度瓦解。因为无法通过行医换取工分以及基本的生活资料，“赤脚医生”逐渐消失，他们或转业，或进入当地医疗机构任职。但在亿万农民心中，“赤脚医生”这个概念已经汇聚为永远的温暖记忆。而其中很多好的做法、经验，也被“新农合”政策所吸收、借鉴，成为党和政府惠民政策的主要内容。

“赤脚医生”，这是个年久却仍能嗅到泥土香的称呼。悬壶济世，他们终在人们回忆中留下永远的温暖。

一桥飞架南北，天堑变通途。毛泽东的这句词作，深刻阐明了桥在交通中的重要性。

湘江像天堑一样横亘在长沙湘江东西两岸。古时，长沙人民靠着摆渡过江。随着社会的发展，摆渡已无法满足广大人民的生活需求，在湘江上建桥成为有识之士的共识。晚清时期，郭嵩焘在日记中最早提出，要在湘江上架设一座桥。1912 年 11 月，辛亥革命元勋黄兴回到长沙，在湖南团体联合欢迎会上，他从 7 个方面提出建设新湖南的具体措施。其中提到，从长沙城区“往水陆洲、岳麓山、溁湾市一带，建一铁桥往来”。1937 年，长沙湘江水陆洲及大河河面树立铁塔，开始建设湘江铁桥。但当年七七事变爆发，日本帝国主义全面侵华，湘江铁桥建设成为泡影。

新中国成立后，摆渡人车拥挤，交通不便，严重制约长沙的发展。据 1971 年统计，日均渡机动车 2000 辆次，日均渡行人 5 万人次（最高日达 10 万人次）。

修桥，成为长沙人民的呼声。共产党人用果敢的行动来回应人民的

★ 修建于20世纪70年代的长沙湘江大桥

呼声。1971年，修建湘江大桥的决定被提上了日程。当年9月7日，湘江大桥正式动工。

在那个机械化程度低的年代，要想完成一个浩大的工程，不得不依赖大量的人力投入。为了建成长沙湘江大桥，长沙市机关、部队和各条战线，共有900多个单位、80多万人次，到大桥工地参加了义务劳动。即使“没有工资发，还要自带饭菜”“施工高峰期，每天6点就起来施工，一直到第二天2点才睡觉”，他们也无怨无悔。他们用火热的劳动书写热血芳华，在不到一年的时间内便建成湘江大桥，充分展现了“吃得苦、霸得蛮、耐得烦”的湖南气质。

大桥像一条飞架在湘江两岸的长虹，结束了长沙过江依靠摆渡的千年历史。1974年，在长沙养病的毛泽东乘坐小车从大桥上经过，他很欣慰家乡人民能靠义务劳动建成如此漂亮的大桥。

1980年，作为全国最大的钢筋混凝土双曲拱公路桥，湘江大桥获第一届国家优秀工程设计金质奖。

1981年10月，长沙湘江大桥设计获交通部70年代国家优秀设计项目奖。

长沙湘江大桥已通车近 50 年，在长沙仍发挥着沟通湘江左右两岸的作用。今天的湘江，仅在长沙一地，就有了八座跨江大桥，它们见证了湖南的飞速发展。

青年兴则国家兴，青年强则国家强，青年一代有理想、有本领、有担当，国家就有前途，民族就有希望。

秉承“忠诚、担当、求是、图强”的湖南精神，一代又一代湘籍青年敢为人先，勇立潮头，用热血和生命铸就了青春的炫彩和思想的闪亮，写就了灿烂辉煌的青春篇章。

什么是青春？一个人应该怎样度过自己的青春？雷锋在日记中写道：“青春啊，永远是美丽的，可是真正的青春，只属于那些永远力争上游的人们，属于劳动的人，永远谦虚的人。”

什么是幸福？一个人应该怎样找到幸福？雷锋在日记中写道：“我是人民的勤务员，自己辛苦一点，多帮助人做点好事，这就是我最大的快乐和幸福。”

人生的意义是什么？如何让自己的人生更有意义？雷锋在日记中写道：“我活着，只有一个目的，就是做一个对人民有用的人。”“活着，

★ 雷锋

吴强年
版画 | 1963
中国美术馆 藏

就是为了使别人过得更美好。”“要把有限的生命，投入到无限的为人民服务之中去。”

这本用朴素语言写就的《雷锋日记》记录了一名普通党员的追求、信念和操守，以感人至深的革命情怀红遍中国，成为影响中国人半个世纪的“宣言书”。撰写日记的雷锋 1940 年 12 月出生于湖南省望城县一个贫苦农民家庭，1962 年 8 月 15 日不幸因公牺牲。雷锋仅仅走过 22 年的时光，却赢得了全中国一代又一代人的敬意。

他是新中国的一颗“螺丝钉”。为了支持国家建设，雷锋从湖南到鞍钢当工人，又到弓长岭焦化厂参加基础建设。20 岁时，雷锋响应祖国号召，参军入伍，保家卫国。无论在哪个位置，他都在自己的岗位上奉献出全部的热情，且奋斗到了生命的最后一刻。

凡做一事，必忠一事。雷锋个子矮小，却把吊车开得最好。他文化程度不高，却把出名的“油老虎”改造成节油标兵车。在刺骨的风雪天里，雷锋主动要求保养车辆，手和铁质机件粘在一起，伸进汽油里针扎一样地疼，却仍在野外苦战 8 个多小时，终于保证了车辆能够随时开动。

天暖了，连队里发放夏衣，每人两套。到雷锋的时候，他却只肯要一套，要求把省下来的交给国家。他的袜子，补了一层又一层，搪瓷脸盆、漱口杯几乎掉光了搪瓷，也舍不得买新的。有同志不解地问："雷锋呀，你就一个人，没家没业的，干吗这样苦熬自己？"他回答说："谁说我没家没业？我们祖国大家庭有六亿多人口呢。"

火车上，雷锋为老大娘让座、打扫车厢、给旅客们倒开水。在刺骨的北风里，他摘下自己的手套，送给陌生的老太太。人们都说他傻，他却在日记里说："我甘心愿意做这样的'傻子'。"

他的事迹温暖了全中国，毛泽东、刘少奇、周恩来、朱德、邓小平等老一辈无产阶级革命家都为他题词，推动学雷锋活动在全国广泛而深入地开展。

我们中的很多人都是读着《雷锋日记》、听着《雷锋故事》、唱着《学习雷锋好榜样》歌曲长大的。几乎没有谁能像雷锋一样引起我们的共鸣。他用火热的青春芳华铸就的雷锋精神永远是我们心头一盏引路的灯，坚定着我们的信念，指引着我们的方向，温暖着我们的心灵，激励着我们成长。美国《时代》周刊曾如此称赞："雷锋品牌是中国人

★ 共产主义战士欧阳海

陈白一
中国画 | 2004

民也是全人类共同的精神财富。"

雷锋是时代的楷模，雷锋精神是永恒的。实现中华民族伟大复兴，需要更多时代楷模。我们既要学习雷锋的精神，也要学习雷锋的做法，把崇高的理想信念和道德品质追求转化为具体行动，体现在平凡的工作生活中，作出自己应有的贡献，把雷锋精神代代传承下去。

什么是对一个人的最大考验？毫无疑问是生死关头。在这个考验面前，英雄战士、湖南桂阳县人欧阳海用自己的生命，交了一份优秀答卷。

1959 年入伍后，无论是日常学习训练，还是执行施工任务，欧阳海都积极主动，奋勇争先，对自己严格要求。他工作勤奋，训练刻苦，哪里有困难，哪里有危险，就往哪里冲，人称"小老虎"。

1963 年冬，欧阳海所在部队组织野营训练，他带领 7 班担任尖兵班，处处冲锋在前。训练进入尾声时，他所在班担负收容任务。11 月 18 日，部队按照既定路线冒雨行军，在经过铁路轨道时，一匹战马受惊挣脱缰绳，驮着炮架窜上铁路，横在中间。战马被直冲着自己奔来的钢铁家伙吓呆了，居然僵立在铁轨中间一动不动。列车越来越近了，制动根本就来不及，眼看一场车翻人亡的惨剧就要发生……在火车与马即将相撞的危急时刻，欧阳海奋不顾身地将马推离铁轨，避免了列车出轨，保障了铁路设施，保护了旅客安全，避免了一起严重事故，但他自己却被无情的车轮轧断左腿，负了重伤，经抢救无效，壮烈牺牲，年仅 23 岁。战友们打开欧阳海随身携带、已被鲜血染红了的小本子，只见封面上写道：即使有一天，这个世界上没有了我，我也仍然衷心地相信，共产主义的理想必然胜利，一定会有更多更多觉醒了的人士为它战斗。

习近平总书记指出："一个有希望的民族不能没有英雄，一个有前途的国家不能没有先锋。"①

国家的巨变，离不开民族脊梁的奉献。

向英雄致敬，与英雄同行。

---

① 习近平：《在纪念中国人民抗日战争暨世界反法西斯战争胜利70周年系列活动上的讲话》，人民出版社 2015 年版，第 19 页。

★

第　三　节

砥砺前进

社会主义建设道路的探索是曲折的。在此期间，我们的发展虽然遭受了挫折，但仍然在前行的节奏中。

“艰难困苦，玉汝于成。”跌宕起伏的进程，奏响了时代的强音。

工业尤其是重工业成就显著，部分高新技术走在世界前列。

1976年，我国成为世界第六工业强国，计算机等方面走在世界前列。

进步的取得，基础的提升，夯实未来快速发展的坚实基础。

没有一个冬天不可逾越，没有一个春天不会到来。

在曲折中成长，在希望中前行。

用一粒种子改变世界，用一生创新造福整个人类。说的就是湖南科学家袁隆平的故事。

一粒种子何以改变世界？这就需要回归到人的基本需求——吃饭的问题上。

“国以民为本，民以食为天。”粮食问题不仅是决定国家命运、影响治国方略的关键，还是关系到民众温饱、人民生死存亡的大事，是故食为政首，粮安天下。中国是一个人口大国，数千年以来，人民吃不饱饭乃至饥饿便一直困扰着生活在这片土地上的人们，成为他们最头疼的事。即使在文景之治、贞观之治、开元盛世、康乾盛世等“盛世”时期，也绝非万民同乐、人人饱足，饥饿的盛世是最真实的写照，这一点在古代地方志的记载中都有印证。甚至有人戏谑称，一部二十四史其实就是一部灾荒记录史。

20 世纪八九十年代，民间一度流传是两个带“平”字的伟人让中国人解决了吃饱饭的问题：一个是改革开放的总设计师邓小平，另一个是袁隆平。20 世纪 70 年代，经过无数个日夜的辛勤奋斗，以袁隆平为主的研究团队终于攻克了杂交水稻的一个个难关，实现了中国人的千年梦想。

时间回到 1953 年，从西南农学院遗传育种专业毕业后，袁隆平被分配到湖南安江农校教书。那时，教师是多少人梦寐以求的铁饭碗，但袁隆平胸怀家国情怀，立誓要解决粮食短缺问题，不让老百姓挨饿。在农学实验中，袁隆平发现水稻中的一些杂交组合有优势，认定这是提高水稻产量的重要途径。

1961 年 7 月的一天，袁隆平在安江农校实验田里发现一株形态特优水稻，在稻田里鹤立鸡群。这株水稻一穗达到 230 粒。通过第二年的试种，袁隆平发现这是一株天然杂交稻，它证明水稻存在杂种优势，为日后从事水稻雄性不育试验带来启发。

1964 年，袁隆平在国内首次提出通过培育三系利用水稻杂种优势增加粮食产量的设想，并着手进行研究。为加快研究进程，袁隆平带领学生李必湖、尹华奇组成三人科研小组，每年秋冬利用南方温光资源，到云南、海南等地进行水稻材料繁殖。1970 年，李必湖在海南岛找到一片野生稻和 3 株雄性不育株。因其是野生稻花粉败育，袁隆平为其取名叫“野败”，杂交水稻研究从此打开了突破口。

1973 年，在第二次全国杂交水稻科研协作会上，袁隆平正式宣布籼型杂交水稻三系配套成功，破除了长期以来国内外流传的水稻这种自花授粉作物没有杂种优势的陈旧观念，极大地丰富了遗传育种理论和实践。到 1976 年，三系杂交稻比常规稻产量高出 20% 以上，在全国推广 228 万亩，这是我国水稻育种的一个重大突破。

科学道路从来就不是平坦的，杂交水稻培育过程中的种种辛酸苦辣只有直接参与者才能真正体会。不管是野外标本采集、试种，还是科

★ 杂交水稻之父——袁隆平

焦小健
油画 | 2009
中国美术馆 藏

★ 袁隆平在试验田观察超级杂交水稻（王建平 摄）

学研究室里的计算分析，都需要极大的耐力和吃苦精神来支撑。袁隆平研究团队在几千个日夜的鏖战中，尝尽了科研之苦，这无不体现出湖南人敢为人先、特别能吃苦的精神。

1976 年至 1999 年，中国累计推广种植杂交水稻 35 亿多亩，增产稻谷 3500 亿公斤，相当于每年解决 3500 万人的吃饭问题。袁隆平培育的杂交水稻被称为“东方魔稻”，确保我国能以仅占世界 7% 的耕地养活占世界 22% 的人口，也为世界粮食安全作出了巨大贡献。

与此同时，超级稻、耐盐碱水稻（海水稻）……一个个新品种的成功培育，让袁隆平的禾下乘凉梦逐渐实现，不仅维护了中国的粮食安全，而且也在改变世界。

我们是用竹竿把敌机捅下来的。

竹竿能捅下敌机？有没有搞错？没搞错，敌机确实是被“捅下来”了。这是在记者会上不能透露军事秘密的情况下，陈毅风趣地回答外国记者提问时所说的话。这句话中所提及的敌机，就是美军 U-2 高空侦察机。中国人民解放军共击落了 5 架美军 U-2 高空侦察机，其中 1 架是使用自主研发的“红旗二号”导弹击落的。

20 世纪五六十年代，为了获得大陆的重大军事活动以及各类工农业情报，台湾当局与美国合作成立了“黑猫中队”，并配备当时最先进的美国 U-2 高空侦察机，对大陆的政治、经济、军事技术进行侦察。我们来看看 U-2 高空侦察机的基本技术参数：飞行高度达 27000 米，最大巡航速度达每小时 670 千米，续航时间 8 小时左右，最大航程 5700 千米，有效侦察高度 5000 米至 15000 米。机上配备高分辨率摄影组合系统和 8 台照相侦察用的全自动照相机，能在 4 小时内，在 15000 米高空，拍下宽 200 千米、长 4300 千米范围内地面景物的清晰图像，并冲印出 4000 张照片用于情报分析。简单说，U-2 高空侦察机相当于一个巨型的空中间谍军团。

现代战争是科技的较量。当时，中国最先进的进口战斗机是米格 -19，它的飞行高度远远不及 U-2 高空侦察机，高射炮的射程也一样，能用于对付 U-2 高空侦察机的武器只有从苏联引进的几十枚萨姆 -2 导弹。1960 年，中苏关系恶化，苏联不仅中止了中国向其引进萨姆 -2 导弹的合同，还撤走了在中国援建项目的专家、工程技术人员及工程项目的设计、工艺图纸、技术资料等。

★ “红旗二号”揭开了中国导弹保卫新中国领空的序幕

偌大的中国领空，怎么能仅依靠几十枚外国导弹来守护？接到地空导弹研制任务后，时任国防部第五研究院二分院副院长的钱文极领命担当地空导弹总设计师，率宋健、吴展、陈怀瑾、张履谦等专家解决仿制萨姆-2导弹中的大量技术问题。湖南人彭海蛟参与其中，他从事“红旗一号”防空导弹科研、设计、生产、总装、对接、联调和国家靶场的试射任务。项目组没有设计图纸和技术资料，那就全靠自己摸索，没有大型计算机，那就靠手摇计算机，用人工一遍一遍计算，试验靶场在戈壁滩，环境极差，那就靠意志去战胜。正是在这种艰苦的环境下，先辈们不负众望，不仅成功研发仿制萨姆-2的“红旗一号”，还在“红旗一号”的基础上，自主研发“红旗二号”。

1967年，“红旗二号”研制设计定型，批量装备部队。同年9月，U-2高空侦察机再次飞临华东地区上空。指战员一声令下，一枚“红旗二号”导弹腾空而起，在电子对抗的条件下，一声巨响，天空中爆出一个巨大的火球，这架高空侦察机拖着长长的黑烟一头栽下。从此，U-2高空侦察机再也不敢飞入中国大陆领空。

“红旗二号”的研制成功及其在防空作战中取得的辉煌战果，标志着我国防空导弹的发展已由单纯仿制走向自行研制的道路，开辟了空军新的征途。

而这名参与项目的湖南人彭海蛟也因此被人铭记。

既然核武器不一定能用，就应该尽早试验。这就是毛泽东对原子弹进行爆炸试验的决定，一言定了乾坤。随后，巨大的蘑菇云在新疆罗布泊腾空而起，中国第一颗原子弹成功爆炸，从此打破了超级大国的核垄断，中国一跃成为世界核俱乐部第五个成员，让世界刮目相看。

在这份荣光背后，三湘儿女作出了巨大的贡献和牺牲，且赢得了“核电粮仓”的美誉。

1958 年 11 月，中共中央为尽快研制出原子弹、氢弹、核潜艇作出了重大决策部署，正式批准了原二机部上报的“五厂三矿”选点方案，湖南境内的 272 厂（衡阳铀水冶厂）、711 矿（郴州铀矿）、712 矿（衡阳大浦铀矿）等骨干企业位列其中。

711 矿坐落在郴州市苏仙区许家洞镇一个叫金银寨的地方。1955 年 9 月，我国核地质系统一架搭载精密探测仪器的飞机，掠过金银寨上空时发现异常，找矿专家深入探测后认定这里有铀矿。建矿之初的金银

★ 711矿一号主井

寨，无论是自然环境，还是生产作业环境，都极其恶劣，但是工人们都无怨无悔。开发铀矿，是中国人过去没有干过的事业。建矿最早、当时出产铀矿井铀矿石最多的711矿，为此作出了巨大牺牲。1958年9月，矿区立志要超英赶美，为此展开了千米坑道大会战。为了完成任务，大家赶进度，打干钻，矿工们一个月值五六十个班，一天只休息三四个小时。速度是快了，但灰尘很大，整个坑道都是灰蒙蒙的。很多人即使热得难受也不愿意戴口罩，因此后来得了矽肺病。艰苦奋斗终于换回卓著成果，711矿为中国第一颗原子弹研制、爆炸提供了合格的原料，赢得了“中国核工业第一功勋铀矿”的美誉。

712矿坐落在衡东县大浦镇。1955年8月，我国核地质系统发现大堡矿区，随后在面积约8.6平方公里的范围内进行地质勘探。1958年5月，712矿诞生了。当时，地质工作者在没有任何防护措施的情况下，一人手持带有放射源的探测仪器，一人手持竹竿掀开泥土表层，以非常原始的方式勘探铀矿分布情况。那时，铀矿开采在我国尚属空白，既无同类矿山借鉴，又缺乏专业知识，干部、工人们只得土法上马，用锄头、铁锹、土箕等简陋工具完成铀矿山的露天剥离作业。

从711矿、712矿开采的铀矿，要运输到272厂进行加工提炼。272厂位于衡阳市，是1958年8月开始兴建的中国第一座大型铀水冶纯化厂，1963年11月正式建成投产。在建设过程中也遭遇了前所未有的困难。1960年6月，272厂正处于基建高潮，苏联突然通知在华工作的全部专家离境，专家们带走了所有重要的图纸、资料及设备。6000多名来自全国各地的技术人才和施工队员，克服缺电、缺水、住草棚等恶劣环境，白手起家，硬是让4条水冶线相继竣工。

用作核武器的燃料，必须保证铀-235的纯度在90%以上。而要制造一颗原子弹，约需数十公斤高纯度的铀-235。这意味着要通过水冶工艺形成浓缩铀产品，即重铀酸铵（俗称“黄饼”），在272厂纯化后，再密封到厚厚的、经放射安全测试的大铅罐中，通过军用列车，送往兰州404厂进行转化加工。转化后的铀产品再通过列车运到四川，用于制造原子弹。

“军工基石，核电粮仓。”这是272厂区石碑上的两句话，也是历史留下的厚重注脚。

可以说，一部湖南核工业史，就是一部艰苦奋斗的创业史，一部催人奋进、令人感动的光荣史。在那个特殊年代，湖南以拓荒者的姿态，成为中国核工业起步的地方。

到哪里可以看到被挖出来的辛追夫人？这是很多游客到长沙旅游时会问的问题。辛追夫人是20世纪70年代在湖湘这片神奇的土地上出土的两千余年前的“东方睡美人”。自重见天日以来，她已吸引了数以千万计的来自世界各地的游客。

时间回到1971年12月，湖南军区366医院在马王堆挖掘防空洞时发现了“鬼火”，他们立即致电湖南省博物馆。经初步勘探，考古专家认为此处可能存在墓葬。

1972年1月，湖南长沙寒气逼人，考古发掘正式开始。没有领导剪彩，也没有记者拍照，一个轰动世界的大型考古发掘就这样静悄悄地拉开了序幕。经过3个多月的艰辛努力，考古人员发掘一具女尸。与其他地方发掘的木乃伊不一样，这具女尸全身器官保存完好，皮肤细腻光滑，富有弹性，甚至关节还可以转动，这在中国考古史中从未出现，在防腐学中更是前所未有的奇迹。随着发掘的深入，一座汉代的墓葬群呈现在世人面前。此墓的主人为西汉长沙国的丞相利苍，在利苍的古

★　马王堆一号墓发掘现场

墓群当中一共挖出了三座墓，一号墓是利苍的妻子辛追，二号墓则是利苍本人，而三号墓就是利苍的儿子。墓葬中还出土了三千多件珍贵文物，包括载有先人智慧的帛书、保存完好的漆器、现代手工艺无法企及的丝织品等。这三座于特殊年代意外发掘的马王堆汉墓，成为 20 世纪中国乃至世界最重大的考古发现之一。

清华大学教授李学勤指出，发掘墓葬的重大意义，体现在通过对它的整理和研究，改变了我们对历史上一个时代，或者一个民族、一种文化的认识。马王堆汉墓就是这样一种发现。它的发现不仅展示了两千多年前的科学技术与思想文化，还提供了《史记》《汉书》等史书记载以外的资料与观点，“不是所有的墓都能做到这点”。

文化繁荣发展、文化自信是实现中华民族伟大复兴的重要条件，保护历史文物是传承中华优秀传统的必然要求。马王堆汉墓发掘后，三湘儿女以及广大文物工作者花大力气进行保护和研究，湖南省博物馆也将马王堆汉墓列为基本陈列，湖南的文博事业开启跨越式发展。

信仰可以造就伟大的建筑，而伟大的建筑不仅要记录时代，还要有超越时代的特征。

位于城市中轴线上的长沙火车站因其巨大的体量和强大的气场，足以成为一座城市的纪念碑式建筑，建成之时是全国第二大火车站。

在中国的地图板块上，无论从人口数量还是经济体量，抑或战略位置来看，长沙都不是最重要的城市，那么为什么长沙火车站要建成全国第二大站？原因在于长沙独特的政治地理方位。作为毛泽东故乡的省会城市，长沙是当时人们心中的圣地。

长沙火车站建成之前，建于清末民初的小吴门老火车站已运行了60 多年，严重超负荷运转。建一个新的大站，是铁路运输发展的客观需要，也是长沙人民的迫切需求。如果仅仅是这样，长沙站还不足以成为一座重量级的建筑。让它升华为一座纪念性建筑的，是那个时代人们强烈的信仰。

信仰推动全国之智倾注到长沙火车站的设计中。1974 年 7 月，长沙火车站开始设计。当时全国 16 个省市的设计院和大专院校提供了 60 个平面方案以及 70 个立面方案。时任铁道部部长万里和国内许多著名专家参加了评议。

信仰推动大量的人力物力投入到长沙火车站的建设中。2400 万元

★ 长沙市民为修建长沙火车站参加义务劳动

的建设投资，在当时是一个惊人的数额。根据《长沙铁路车站建设工程提纲》的记载，长沙铁路车站共计10多个项目，工程量巨大。对于新站的建设，长沙人民倾注了极大的热情。20世纪50年代前后出生的城区居民，几乎都参加了火车站的义务建设。据统计，长沙市广大人民参加建站义务劳动的有40多万人次，各有车单位支援车站运输材料物资30多万吨。

1975年，铁道部正式批准了长沙新客站的修建，选址于东郊一片杂草丛生的沼泽和低洼地段，即东屯渡、五里牌一带，同年7月破土动工，10月全面动工。

1977年7月，长沙火车站建成通车，落成典礼被特别安排在国庆节举行。国庆当天，长沙火车站前坪聚集了上万人庆祝，甚至还有一些外地游客特意坐火车过来参观。这是一场充满了狂欢气氛的盛会。

随后每次伴随着“东方红，太阳升……”的整点钟声，长沙火车站高耸的钟楼火炬都会吸引众多行人的目光。

“向日葵”“火炬”图案是长沙火车站重要的时代象征物，而钟楼顶部的火炬则是长沙站最为醒目的标识。“火炬版”火车站正是潇湘红

★ 1977 年建成的长沙火车站

色元素的凸显，也是湖南的革命地位在全国的缩影。火炬还象征着“星星之火，可以燎原”的革命精神，能体现地域特征，让外地人看到火车站就知道自己到了长沙。

一座火车站，记录了一个时代，也熔铸了那一个时代人们的火热青春。

2020 年 9 月 18 日，习近平总书记在湖南考察时指出：“湖南是一方红色热土，大批共产党人在这片热土谱写了感天动地的英雄壮歌。”

湖南，多情潇湘、伟人故里、红色热土。勇于变革、善于斗争的湘籍革命家，在大浪淘沙的中国革命斗争中脱颖而出。

芙蓉朝晖，润泽东方。红色基因正在潇湘大地不断汇聚，成为发展奋进的强大动力。

★

第 四 节

春潮涌动

1979 年，
那是一个春天，
有一位老人，
在中国的南海边画了一个圈……

这首《春天的故事》的曲作者是湖南郴州人王佑贵，这位毕业于湖南师范大学的音乐人，用春风吹来时的沙沙细语般的音乐语汇，衬托起了一个时代的期盼与渴望，音乐上流动的是时代改变的旋律。那气势恢宏的乐章，让人感受到的是春风在吹拂、骏马在奔跑，天地间荡起了滚滚春潮，这是改革时代的一个生动画面，是春天降临在追求新生活的人们心间的真实写照。这首歌的出现，一改以往的颂歌创作模式，把春天的故事唱成了一个时代的美好记忆。

像春雷，唤醒了长城内外；像春晖，暖透了大江南北。春天，正象征着万物生长的蓬勃生机。

习近平总书记指出："我们遇到过困难，我们遇到过挑战，但我们不懈奋斗、与时俱进，用勤劳、勇敢、智慧书写着当代中国发展进步的故事。”[1]

众志成城，砥砺奋进。春风化雨，沧桑巨变。

从改革开放发端的春雷乍起万物兴，到各项建设如雨后春笋般的蓬勃发展；从完全依靠行政命令和计划手段，到更多地释放市场活力；从春寒料峭到春暖花开的潇湘大地，正是这个波澜壮阔时代的缩影。

习近平总书记在庆祝改革开放40周年大会上指出："改革开放是党和人民大踏步赶上时代的重要法宝，是坚持和发展中国特色社会主义的必由之路，是决定当代中国命运的关键一招，也是决定实现'两个一百年'奋斗目标、实现中华民族伟大复兴的关键一招。"[2]

行之力则知愈进，知之深则行愈达。

"日出江花红胜火，春来江水绿如蓝。"这是革命的春天，这是人民的春天，这是科学的春天！让我们张开双臂，热烈地拥抱这个春天吧！

---

① 中共中央党史和文献研究院编：《十八大以来重要文献选编》下册，中央文献出版社2018年版，第828页。

② 习近平：《在庆祝改革开放40周年大会上的讲话》，人民出版社2018年版，第21页。

在中国科技事业开始全面复苏时，郭沫若的这个比喻，也让这个科技发展的新时代获得了“科学的春天”的别称。

1978年3月，全国科学大会在北京隆重召开，邓小平在大会开幕式上提出“科学技术是生产力”的著名论断。这是向科学技术现代化进军的总动员令，从全局上确立了科技工作正确的指导思想，是我国科技发展史上的里程碑。科学的春天来了。

1946年2月14日，世界上第一台电子计算机埃尼阿克（ENIAC）诞生在美国宾夕法尼亚州，整机包括18000多个电子管，重达30多吨。人类光辉灿烂的计算机新时代开始了。无论是上九天揽月、下五洋捉鳖，还是观察离子和电子、研究百亿光年外的天体、揭示基因奥秘，都需要计算机的加持。计算机的出现加快了科技创新的速度，而科学技术的发展也反过来助推计算机运算速度的迅速提升。

1958年，中科院成功研发中国第一台每秒运算2500次的半导体大型计算机103机；1959年，研发成功运算速度达到每秒1万次的104机，这些国内性能最先进的电子计算机被立刻用于原子弹的理论计算工作中去。上海华东计算所研制的每秒运算5万次的J501计算机，堪称中国突破氢弹理论设计瓶颈的大功臣。总体来看，我国计算机技术取得了巨大发展，但与西方发达国家相比，仍然存在着很大的差距。

20 世纪 70 年代，国外研制出了每秒运行一亿次的巨型计算机。巨型机强大的数据处理能力，不仅在国际上引发了强烈的反响，也改变了航天技术、热核反应、石油工程等领域的发展。

当时，我国石油物探的数据是用磁带记录的，数据磁带多到需要卡车装运。由于我国缺少计算处理能力强大的高性能计算机，这些数据磁带不得不空运到国外处理，此举不仅使经费消耗巨大、时间难以控制，勘探资料也容易泄露。

当我国希望购买国外性能不算高的计算机时，对方却提出了极为苛刻的要求。

在湖南长沙的国防科技大学，有一个“玻璃房子”的传说。其实，它还真的不是传说，而是一件真实的事情。

20 世纪 80 年代，中国人在受尽了缺少计算处理能力的折磨后，立志打造自己的计算机研发能力。而此时的欧美国家看到了我们的短项，对高性能计算机出口到中国实行严格禁售与管控。当时，中国的气象部

★ “银河 - I 号”巨型计算机

门想从美国的克雷公司进口一台计算机，美国人傲慢地不给回复，一句话，就是不卖给你。后来，好不容易同意了，但美国政府提出了一项带有侮辱性的要求，即对在中国运行的计算机实行 24 小时的实时监视。也就是在计算机机房必须安装监视仪器，随时监控中国的一举一动，防止我们偷学他们的技术。同时还规定，这台计算机必须安装在玻璃房子里，机器的使用只能由他们自己人操作，中方科技人员不得进入玻璃房。领衔超速计算机技术的国防科技大学的专家们在这样的不合理要求面前，只有一个信念，全力以赴打造自己的巨型计算机——“争气机”，就是要争一口气，不再让外国人卡着我们的脖子。奋斗与突破，是对美国傲慢的最好回答。

在起点低、条件差的情况下，科研人员迎难而上，6 年时间没有节假日。他们向精密管理要质量，250 多万个焊点完全手工焊接，竟无一虚焊。

1983 年 12 月 26 日，我国第一台每秒运算 1 亿次以上的“银河 - I 号”巨型计算机，由国防科技大学在长沙研制成功，并顺利通过了国家技术鉴定，标志着中国巨型机研制实现“零”的突破。中国成为继美国、

★ “天河二号”超级计算机（何书远 摄）

日本之后，第三个能独立设计和制造巨型机的国家。

2009 年 10 月，“天河一号”研制成功，实现了我国自主研制超算能力从百万亿次到千万亿次的跨越。“天河二号”连续 6 次荣登世界超算榜首，在我国科技创新和大国制造的征程中发挥了巨大作用。

2013 年 6 月 18 日，习近平总书记对国防科技大学研制成功“天河二号”超级计算机系统表示热烈祝贺。2016 年 5 月，习近平总书记在全国科技创新大会、两院院士大会、中国科协第九次全国代表大会上的讲话提出，科技是国之利器，科技创新、制度创新要协同发挥作用，科技创新、科学普及是实现创新发展的两翼，开启了建设世界科技强国的新征程。

从对标发达国家用心模仿，到自主研发、技术升级，奇迹般飞越的背后，是一代代科研人的汗水和心血，也是中国人拼搏精神的最好见证。

“惟楚有材，于斯为盛”，印证的是湖湘大地绵延千年的文化自信。“六经责我开生面，七尺从天乞活埋”，蕴含的是继往开来、引领时代发展的先天下精神。习近平总书记指出：“坚持创造性转化、创新性发

★ 《湖湘文库》丛书出版（湖南日报记者张目 摄）

展，不断铸就中华文化新辉煌。”[①]

文化的春天来了，1979 年 12 月，湖南出版界提出，地方出版社要“立足本省，面向全国，争取更多的图书进入国际市场”。

1987 年，钟叔河主编的《走向世界丛书》获得第一届中国图书奖、全国首届古籍整理图书丛书奖。之后，“出版湘军”以敢为人先的远见和胆识，书写了“湖南人能吃辣椒会出书”的传奇，在国内外产生了重大影响。

进入 21 世纪，“出版湘军”又多次树起全国文化体制改革新标杆，提出了数字产业战略。

推动湖湘文化推陈出新，就要顺应时代发展大势，面向未来谋划发展，在新一轮技术革命中丰富内涵。

2006 年 8 月，《湖湘文库》编辑出版工作启动，2013 年 7 月全部完成。全套丛书共 702 册，总字数近 4 亿。丛书的编纂出版，被誉为“湖南文

---

① 习近平：《决胜全面建成小康社会 夺取新时代中国特色社会主义伟大胜利 —— 在中国共产党第十九次全国代表大会上的报告》，人民出版社 2017 年版，第 41 页。

★ 湖南卫视现场直播节目（罗耀霞 摄）

化发展史上的一件不朽盛事”。

改革发展催生了“电视湘军”的崛起。1993年，湖南广电第一次提出“大广播、大电视、大宣传、大产业”的战略构想。1995年，湖南广电在湖南电视台之外，以全新的机制创建湖南经济电视台，并将其作为体制改革的第一块试验田，《经视新闻》首开中国电视新闻直播先河，同时推出了湖南电视首档真正意义上的的综艺节目《幸运3721》。1997年1月1日，湖南卫视开播。当年，一档全新的综艺节目《快乐大本营》问世。随后陆续推出《玫瑰之约》《晚间新闻》《新青年》《音乐不断》《超级女声》《天天向上》等品牌栏目，在全国产生了广泛影响，湖南卫视进入频道运营和品牌高速发展的黄金时代。与此同时，“中华传媒第一股”电广传媒挂牌上市，中国金鹰电视艺术节亦永久落户湖南长沙。“湖南电视现象”在业界和社会广为传播。“电视湘军”享誉海内外，并始终坚守青春昂扬的气魄，淬炼优质品牌，以创新求发展，引领“快乐中国”。湖南卫视成为湖南一张响亮的文化名片。

习近平总书记在党的十九大报告中指出：“文化是一个国家、一个民族的灵魂。文化兴国运兴，文化强民族强。没有高度的文化自信，没

★ 毛泽东为湘潭大学题写的校名

有文化的繁荣兴盛，就没有中华民族伟大复兴。”[①]

对湖湘文化的自信与坚守，造就了湖南人意气风发的文化特征。而文化湘军，更是凭借这股文化自信和心忧天下的情怀、敢为人先的精神内核，在建设文化强国的进程中发挥了重要的作用。

在家乡建一所一流的大学一直是毛泽东的心愿。1958 年，湘潭县委决定创建毛泽东家乡的第一所大学——湘潭大学，毛泽东亲笔题写“湘潭大学”校名，并亲切嘱托“一定要把湘潭大学办好”。然而，在国家经济遇到前所未有困难的大背景下，建校不足一年时间，湘潭大学便于 1959 年 7 月停办。

1974 年 3 月，国务院下发文件批准湘潭大学复校。湘潭大学复校，地点选在湘潭市西郊的羊牯塘，这里曾是一个古老的驿站，也是湘潭往姜畬、七里铺、湘乡的必经之路，因战乱和采伐，湘大复校时，是一片荒坡秃岭。

---

① 习近平：《决胜全面建成小康社会 夺取新时代中国特色社会主义伟大胜利——在中国共产党第十九次全国代表大会上的报告》，人民出版社 2017 年版，第 40—41 页。

★ 湘潭大学校园（卢保荣 摄）

虽然环境恶劣，但是没有影响全国各地高校的教师不断往湘潭大学集聚。1974 年 11 月，教育部向江苏、湖北、辽宁、吉林、广东、北京、上海等 10 省市发出《关于请求支援湘潭大学部分师资和图书的通知》，得到了全国各地高校教师的积极响应。1975 ~ 1978 年，来自北京大学、清华大学、复旦大学、吉林大学、南开大学、武汉大学、华中师范大学等 90 多所高校的 620 多名教师会聚湘大。一批国内大师级人物，如著名诗人彭燕郊、流变力学专家袁龙蔚、哲学家汪树白、古文献专家韩长耕等，都被湘潭大学引进。

也因为是复校，在这一批湘大人心中，有一个共同的词语——艰苦创业。正是为了圆梦，一代又一代湘大人荒山起家，劳动建校，实干兴邦，造就了一种“湘大精神”——理想主义的追求、吃苦耐劳的品格、以校为家的情怀。

可以说，一部湘大复校史，就是一部艰苦创业史，一部逐梦史。

知识改变命运。整个国家的命运和前途因高考而改变。1977 年 8 月 13 日至 9 月 25 日，教育部在北京召开全国高等学校招生工作会议，决定恢复已经停止了 10 年的高考。

★ 1977 年高考制度恢复

10 月 21 日，《人民日报》头版头条刊发消息《高等学校招生进行重大改革》，宣布恢复高考，以统一考试、择优录取的方式选拔人才上大学。

这一新闻犹如一声惊雷，迅速传播开来。无数在迷茫与困顿中苦苦求索的青年霎时看到了希望和曙光——通过公平竞争改变自己命运的时代终于到来了。

1977 年年底，全国各地开启高考，湖南高考时间定在 12 月 17 日至 19 日。这是新中国历史上唯一一次冬季高考，也是最为仓促的一次。从 10 月 21 日公布恢复高考消息到正式考试，时间不足两个月。即便这样，也没有阻挡大家对报考的热情——全国各地 570 万出身不同、年龄悬殊的考生走进了高考考场，最终 27 万人被录取，颇有“千军万马过独木桥”之势。这个群体中后来产生了许多学术界泰斗、科技界翘楚、政界要人、文艺名流、商业巨擘等杰出人才。恢复高考不仅是许多人命运的转折点，而且成为一个国家与时代的拐点，中国社会从此迎来了尊重知识、尊重人才的春天。

1977 年的那次高考，湖南全省考生达到 63 万人，录取了 1.1 万人，录取率为 1.75%。湖南的年轻才俊以优异的成绩赢得各地高校的青睐。他们凭着扎实的社会阅历、吃苦奉献的作风和对学习的渴求，成为国家需要的高层次高精尖人才，并在多年后成为多个行业的中流砥柱。在衡山县红旗水电站工程部工作的柳礼泉 1977 年通过高考，进入湖南大学政治专业学习，毕业后留校，成为湖南大学马克思主义学院院长、博士生导师、享受国务院政府特殊津贴专家。从长沙下放到汨罗的知青韩少功通过高考，被湖南师范学院录取，进校后所发表的《西望茅草地》《爸爸爸》轰动全国文坛，成为“寻根文学”的代表性人物，其作品也获得鲁迅文学奖。在湘潭钢铁厂做电钳工的熊晓鸽通过高考，被湖南大学英语班录取，后来进入风险投资行业，领导 IDG 中国分公司 IDG 资本，成为“中国风投第一人”“中国风投教父”。

知识改变命运，教育成就未来。从这个尊重知识、尊重人才的春天开始，湖南为国家贡献了众多人才，实实在在改变了几代年轻人的命运，也推动了国家发展与民族复兴的历史进程，参与和见证了这个新的时代的新变化。

第五节

新世纪发展

历史车轮滚滚向前，时代潮流浩浩荡荡。历史只会眷顾坚定者、奋进者、搏击者，而不会等待犹豫者、懈怠者、畏难者！

伴随21世纪钟声的敲响，人类文明的发展进入一个新世纪，开启一个新千年。新世纪，新千年，新起点，中国人民在中国共产党的领导下，开启新征程。

中国共产党始终代表中国先进生产力的发展要求、中国先进文化的前进方向、中国最广大人民的根本利益。“三个代表”重要思想熠熠生辉。

坚持以人为本，树立全面、协调、可持续的发展观，促进经济社会和人的全面发展。统筹城乡发展、统筹区域发展、统筹经济社会发展、统筹人与自然和谐发展、统筹国内发展和对外开放。科学发展观铿锵有力。

“苟利于民，不必法古。”中国跨世纪的发展，是以人民利益为依归的。

乘着改革开放的东风，湖南奋进和搏击在高速发展的快车道，经济发展水平、科教文卫实力、人民生活水平发生了翻天覆地的变化。

效率驱动、创新驱动，不仅改变了众多个人的命运，也改变了国家的发展质量，展示了湖南日新月异的变化和滚滚激情下守正创新的步伐。

时代是思想之母，实践是理论之源，创新是发展之基。

为政之道，以顺民心为要，以厚民生为本。

全心全意为人民服务是我们党的根本宗旨。当年，有个美国记者曾问毛泽东："你们办事，是谁给的权力？"毛泽东回答："人民给的。人民要解放，就把权力委托给能够代表他们，能够忠实为他们办事的人，这就是我们共产党人。我们当了人民的代表，必须代表得好。"邓小平则把人民拥护不拥护，人民赞成不赞成，人民高兴不高兴，人民答应不答应，作为我们制定一切政策的根本前提。江泽民反复强调，要立党为公，执政为民。党的一切工作，必须以最广大人民的根本利益为最高标准，在任何时候任何情况下，都要想人民之所想、急人民之所急、谋人民之所求、解人民之所忧，真正代表人民掌好权、用好权，努力实现好、维护好和发展好最广大人民的利益。胡锦涛一再指出，人心向背，是决定一个政党、一个政权盛衰的根本因素。只有顺民意、谋民利、得民心，才能得到人民群众的支持和拥护。

当历史的车轮驶入 21 世纪，三农问题进入人们的视野，引起了党中央的高度关注。为了减轻农民负担，让广大农民分享到经济发展成果，党中央出台了一系列惠农措施。

2005 年 12 月，十届全国人大常委会第十九次会议高票通过废止农业税条例的决议，决定自 2006 年 1 月 1 日起，废止农业税条例。这一历史性的时刻，让延续了 2600 多年的农业税收就此宣告结束，9 亿农民也永远告别了种田缴纳“皇粮国税”的历史。

恩格斯曾深刻指出：“历史是这样创造的：最终的结果总是从许多单个的意志的相互冲突中产生出来的，而其中每一个意志，又是由于许多特殊的生活条件，才成为它所成为的那样。这样就有无数互相交错的力量，有无数个力的平行四边形，由此就产生出一个合力，即历史结果，而这个结果又可以看做一个作为整体的、不自觉地和不自主地起着作用的力量的产物。”[①] 而促成这一标志性历史事件发生的，有一名湖南

① 《马克思恩格斯选集》第四卷，人民出版社 2012 年版，第 605 页。

人，他就是全国人大代表任玉奇。

任玉奇，一个出生在湘潭县农村的伢子，家里祖祖辈辈都是农民，对农民的劳苦、农村的困难有着深切的体会。2003 年当选全国人大代表后，他踏遍了湖南、湖北、云南和广东的 73 个县、200 多个乡，和基层干部促膝谈心，到农户家走访，向专家请教，召开了 50 多场座谈会，形成了 20 多份、近 10 万字的有关“三农”问题的调查材料，终于在 2004 年慎重起草并提交了《关于尽快取消农业税的议案》。

在全国人大通过废止农业税条例决议前的2005年2月，湖南省委、省政府就已决定，从当年起在全省范围内全面取消农业税，如此一来一年可为农民免除税负 13.6 亿元，实实在在惠及湖南广大农民。

看病不太贵，是新世纪农民对幸福生活的向往。

自 20 世纪 80 年代起，随着集体经济纷纷解体，农村合作医疗失去了依托，曾经轰轰烈烈的农村合作医疗制度在大多数农村地区迅速崩溃，使一些已被控制和消灭的传染病和地方病再次死灰复燃，医药费用不断上涨，广大农民不堪重负，看不起病的现象在农村相当普遍。

2002 年，新型农村合作医疗政策出台。每年交 10 元钱，生病时就能享受到国家医疗补贴，最多可达万元。2003 年新型农村合作医疗制度试点时，很多农民以前不敢想的好事出现了。它改变了中国农民及家庭的命运，很多重病农民得到了及时治疗，恢复了正常生活，很多农民家庭摆脱了因病致贫或因病返贫的困境。“哪怕生了大病，天也塌不下来。”“多亏有新农合政策，才让我这个家渡过了难关啊。”这是湖南农民的普遍心声。

我们的心胸燃烧着希望，我们前进的道路铺满阳光。

“企业要发展，必须要改革。”20 世纪 80 年代中期，改革开放带来的建设大潮，让冷水江钢铁总厂（冷钢）实现过短暂赢利。可好景不长，时间走到 1999 年，冷钢资不抵债，被国家经贸委列入破产名单。

改革成为唯一的出路。2002 年，冷钢独辟蹊径进行改革，“既不卖给别人，也不由经营者持大股，让职工真正成为企业的主人。国家的包袱由企业承担起来”。政府支持、员工参与，冷钢由破产国有企业改制为民营股份制企业。正是这一在国有企业率先发展混合制经济的壮举，成就了冷钢第一条轧材生产线，并实现了当年赢利！由此发端，冷钢迅速成为了湖南省八大利税大户之一。

★ 湖南博长控股集团螺纹钢生产线（高守银 摄）

神奇的故事在 2008 年的国际金融危机中再次上演。2008 年 7 月初，钢铁产品价格暴涨，各大钢厂储存原料，快马加鞭。冷钢却果断决策："停炉检修，减产清库！"半个月后，国际金融危机猛然来袭，每吨螺纹钢由 6100 元骤降到 3100 元。3 个月后，其他兄弟钢厂纷纷停炉减产，冷钢却开始厉兵秣马，设备全部检修完毕，并在低位购进了大批原料，开足马力加大生产。待低迷的钢铁市场再次升温，冷钢巧妙抄底逃顶。这一年，所有钢企遭受重创，冷钢却实现了丰厚的利润。2008 年冷钢搭建起了更为广阔的平台：湖南博长控股集团有限公司，实行员工全员持股。

科技改变生活，创新推动社会进步。进入 21 世纪，敢为人先的三湘儿女，正以勇气和智慧，在科技战线奋力创造令人瞩目的湖南速度。

2007 年，三一集团研制的 66 米长臂架泵车下线。这是当时世界上最长的泵车。2011 年 5 月，号称"全球第一吊"的超大吨位履带起重机下线。2012 年，被誉为"亚洲最大的智能化制造车间"和"中国最聪明的工厂"全面投产。

2008 年，中联重科成功并购世界第三大混凝土机械制造商意大利

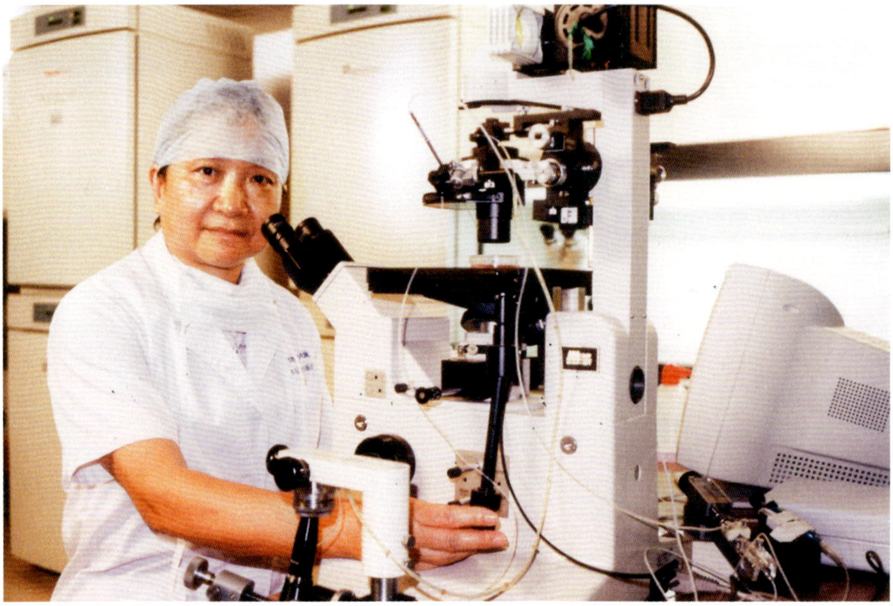

★ 卢光琇教授在实验室通过显微镜工作（人类干细胞国家工程研究中心、中信湘雅遗传与生殖专科医院 供图）

CIFA 公司。

2012 年，中联重科推出了碳纤维六桥 80 米和七桥 101.18 米泵车，七桥 101.18 米打破三一重工连续霸占多次的吉尼斯纪录，成为全球最长臂架混凝土泵车的同时，也成为全球泵送方量最大的混凝土臂架泵车。

湖南工程机械产业实现了从追赶到领跑的跨越，长沙获得了“工程机械之都”的称号。

一项项取得突破的科研成果，为健康中国保驾护航。

2002 年 11 月，中南大学湘雅医学院生殖工程研究室卢光琇教授领衔的研究组建立了世界上第一个人类治疗性克隆胚和中国第一株人类胚胎干细胞系在中国干细胞暨克隆技术研究上取得了重大突破。而干细胞研究，几乎涉及生命科学的所有领域。

2012 年，卢光琇团队建立了世界上最大的具有不同组织相容性抗原的人胚胎干细胞库。

“希望每一个人都能健康地生活，优雅地老去。”卢光琇说。

一座座中国大桥，正在“一桥飞架南北，天堑变通途”中，重塑经

★ “换上新装”的矮寨盘山公路（刘克兴 摄）

济地理版图，为中国 21 世纪经济的发展写下生动注脚。

湘西矮寨镇位于云贵高原山脉断层处。湘西的交通状况，石启贵在民国时期出版的《湘西苗族实地调查报告》中使用了“险峻崎岖”“回绝人寰”“登涉艰难”这样的词语进行描述。1936 年抗战期间，衔接粤汉、湘桂黔路通向西南大后方的通道——湘西第一条公路湘川公路全线通车。蜿蜒曲折的矮寨盘山公路，就是其中的一段，它垂直高度 400 多米，坡度为 70 至 90 度。公路最宽处不超过 7 米，最窄处还不到 4 米，极易拥堵。改革开放以来，随着车流量日益增多，与相邻省市加强往来推动发展进度的需求增旺，盘山公路已是超负荷运转，高速公路的修建被提上了日程。但矮寨大峡谷如何跨越，溶洞天坑等密布的复杂地质和多变的气象状况如何应对，大量工程材料和施工设备如何安全高效运输，开挖两岸山体时如何尽可能减少对环境的影响，都成了建设者们必须解决的重大难题。

经过多次讨论和试验，大桥的设计者们创造性地提出了塔梁完全分离的设计理念：桥塔直接设置于峡谷两岸的山体，桥面则在半山腰与两岸公路隧道连接。这一理念在大大减少土石方工程量开挖对环境破坏的同时，也使得矮寨大桥和自然融为一体，可以说是浑然天成。而面对在峡谷之中作业、缺少施工用地的现实，以及节省工期、节约投资、保证施工安全和质量的客观要求，建设者们从缆车的工作原理中得到启发，创造了被称为悬索桥施工“第五种方法”的“轨索滑移法”。他们利用大桥的主缆和吊索，在吊索下端安装水平轨索，将其作为加劲梁节段的运送轨道。有专家对此简明形象地打了一个比方：依靠已有的桥塔搭建临时运输通道，让梁“滑下去”。

2012 年 3 月 31 日，湘西矮寨特大悬索桥建成，桥面距谷底 355 米，大桥两索塔间跨度 1176 米，跨峡谷跨度世界第一。国家 8 条西部高速公路大通道之一的湘渝高速全线贯通。以前跨越峡谷需要在盘山公路上行驶几十分钟，但从这一天开始，只需要短短几十秒。建成之初，矮寨大桥就创造了几项世界纪录，有报道将其总结为“四个第一”：世界上跨度最大的峡谷桥梁工程，世界首创“塔梁分离式悬索桥”新结构，世界首创“轨索滑移法”架设加劲梁新工艺，世界首创碳纤维材料岩锚体系。

2013 年 11 月 3 日，习近平总书记视察矮寨大桥时称赞：“这桥的高度，别具一格。”

逢山开路，遇水搭桥。“矮寨不矮，时代标高”。

中国制造，为人员往来、货物流通、信息交流提供了便利，也为贫苦地区“久困于穷，冀以小康”的希望写下了浓墨重彩的一笔。

在发展前行中，中国人有了更多的获得感、幸福感、安全感。

同向而行，精耕细作，在共筑国民梦想，实现民族复兴的道路上，湖南人走得扎扎实实。

大潮起潇湘，同创新时代。

★ 湘西矮寨大桥（刘克兴 摄）

强起

生长于这片土地哟，
该是何样的欢畅；
献身于这个时代啊，
热血澎湃，豪情激荡！

强起来！
中华强起来！祖国强起来！
强起来的国度，人民至上；
强起来的民族，播种阳光。

天地琴弦已然奏鸣，
伟大复兴旋律悠扬；
看云卷云舒风雷跌宕，
抚天地琴弦听盛世交响！

序诗

强起来

幽幽八荒，云霞飞扬；
堂堂九州，春风浩荡。
日看大江东去，夜听星空笙簧；
抚天地之琴弦，颂中华之富强。

尧天舜日的故事，铭刻先人梦想，
唐诗宋韵的吟味，盛载龙族心香；
梦境和诗国里走来的人民，气宇轩昂，
大海般的中国，绝非任人小觑的池塘。

大海永远是大海，巨轮昂然起航，
中华民族，已伸展了强劲的臂膀。
『一带一路』重要倡议，欣然牵手世界，
命运共同体理念，跨越种族，协和万邦。

第三篇

追梦圆梦

CHAPTER THREE

东方潮，奋进新时代。

中国特色社会主义进入新时代，意味着近代以来久经磨难的中华民族迎来了从站起来、富起来到强起来的伟大飞跃，迎来了实现中华民族伟大复兴的光明前景。

站在新的历史坐标上，我们思考中国强起来的秘诀是什么。答案就是：领导我们事业的核心力量是中国共产党。中国共产党的立党宗旨是：为人民谋幸福，为民族谋复兴，为世界谋大同。这就是中国共产党人的初心和使命。中国共产党本质上是创新之党，领导着全国创新、人民创新、社会创新。

我们可以看到，十八大以来党的治国理政能力不断提高，取得了一系列新的历史性、标志性成就，中国经济建设、科技建设、国防建设、社会建设、外交建设和文化建设全面推进，改革发展、内政外交国防、治党治国治军各方面取得一系列重大成就，经济实力、科技实力、国防实力、国际影响力和文化软实力迈上了一个新的大台阶。

“国之重器”是一个国家崛起的符号和意象，从中可以看到使命与创新的力量。首艘国产航母下水、国产大型客机 C-919 成功首飞、“天眼”

★ 复兴号标准动车组（湖南日报通讯员 摄）

探空、“蛟龙”入海、“墨子号”发射升空……“中国创造”让世界刮目相看，一次又一次点燃新时代中国人的信心和梦想。

在这场伟大的征程中，“湖南元素”闪耀其间——杂交水稻从湖南走向世界，复兴号动车纵横中国，湘西十八洞村精准脱贫引领全国换了新颜，湖南自贸区扬帆起航……澎湃激荡的湖湘力量融入中华力量，同频共振、奔腾不息。

“为什么我的眼里常含泪水？因为我对这土地爱得深沉。”

三湘大地是红色热土，以毛泽东为代表的一大批共产党人在这里谱写了感天动地的英雄诗篇与时代壮歌。红色基因融入湖南人血脉，湖南人的担当和责任从未缺席，不同的历史阶段，有着不同的伟大作为。

方向决定未来道路。2020 年 9 月，习近平总书记在湖南考察时，勉励湖南“着力打造国家重要先进制造业、具有核心竞争力的科技创新、内陆地区改革开放的高地，在推动高质量发展上闯出新路子，在构建新发展格局中展现新作为，在推动中部地区崛起和长江经济带发展中彰显新担

★ 美丽长沙（湖南日报记者童迪 摄）

当，奋力谱写新时代坚持和发展中国特色社会主义的湖南新篇章”。[1]

“三高四新”战略与党的十八大以来习近平总书记对湖南提出的“一带一部”“三个着力”“守护好一江碧水”等系列重要指示要求既一脉相承又与时俱进，将新时代湖南在全国大局中的角色定位、使命担当提升到了一个前所未有的高度，构成了“十四五”乃至更长时期湖南发展的指导思想和行动纲领。

这是春的讯息，湘江北去天下先。今日之湖南，从贫困落后到全面小康、从百废待兴到百业兴旺、从内陆封闭到创新开放、从温饱追求到人民幸福小康。这是波澜壮阔的巨大变迁，这是绚丽多彩的美丽画卷，这是气势磅礴的人间史诗。

“人民对美好生活的向往，就是我们的奋斗目标”——中国共产党人的诺言依然在耳，中国共产党人的使命依然在肩。

① 《在推动高质量发展上闯出新路子 谱写新时代中国特色社会主义湖南新篇章》，《人民日报》2020 年 9 月 19 日。

第 一 节

改革开放的力量

★ 2019年9月12日，以“新时代的中国：创新湖南融入世界”为主题的外交部湖南全球推介活动在外交部蓝厅举行（湖南日报记者辜鹏博 摄）

改革不停顿，开放不止步。

“以一往无前的奋斗姿态、风雨无阻的精神状态，改革不停顿，开放不止步，在更高起点上推进改革开放。”[①]2020年10月，习近平总书记在深圳经济特区建立40周年庆祝大会上铿锵有力的讲话，再一次释放出中国共产党坚定改革开放的信心。社会主义的中国是开放的，不能关起门来搞建设。改革开放是党和人民大踏步赶上时代的重要法宝，是坚持和发展中国特色社会主义的必由之路，是决定当代中国命运的关键一招。

改革开放后，邓小平同志深有感触地说：“三十几年的经验教训告诉我们，关起门来搞建设是不行的，发展不起来。”[②] 对外开放开始成为全党全国人民的共识。

开放带来进步，封闭必然落后。中国的发展离不开世界，世界的繁荣也需要中国。这是中国共产党对改革开放历史经验的深刻总结，也

① 习近平：《在深圳经济特区建立40周年庆祝大会上的讲话》，人民出版社2020年版，第6—7页。

② 《邓小平文选》第三卷，人民出版社1993年版，第64页。

是宝贵的思想启示。

党的十八大以来，以习近平同志为核心的党中央在国内建设自由贸易试验区，在国际上倡导“一带一路”合作，通过一系列重大部署，开创了对外开放新局面，全党全国人民关于对外开放的思想认识也进一步提高。

“三湘四水”的湖南，有着丰厚的历史故事，但也有着明显的地域局限性。这里不靠海、不沿边，湖南凭什么走向世界？

湖南人敢为天下先，首先是打破内陆省份的传统思维定式，紧跟国家对外开放步伐，在对外开放道路上不断探索、实践和创新，正在实现从“内陆保守”到“内陆改革开放新高地”的跨越。

20 世纪 80 年代，湖南就出台加速开放开发八条措施，成立湘南改革开放过渡试验区，设立首批国家级开发区，在对外开放上开展积极探索。1990 年 12 月，湖南提出了对外开放开发的第一个总方针，即“以引进促改造、以外经促外贸、以开放促开发”的“三促”方针，对外开放迈出重要步伐。

2013 年 11 月，习近平总书记在湖南考察时提出了湖南“一带一部”

★ 2019 一乡一品国际商品博览会暨第四届全国民族地区发展大会开幕式（湖南日报记者李健 摄）

新定位，让内陆湖南的区位优势日益凸显，为湖南新时代的开放发展确立了根本遵循。2020 年 9 月，习近平再次来湖南调研考察时提出“打造内陆地区改革开放高地”的殷切希望，为新时代的湖南全面深化改革开放锚定了目标定位、提供了行动指南。

湖南正在进入对外开放的“最好年代”，铺开中国地图，我们可以看到依托“一带一部”区位优势，湖南向北共建长江经济带，向东对接长三角一体化发展，向南承接粤港澳大湾区产业转移，向西密切与成渝地区双城经济圈协作，向西南对接西部陆海新通道……湖南已由内陆腹地迈入开放前沿。

改革激发开放新活力，开放增创发展新优势。三湘大地，生机盎然。面向世界，湖南风帆正劲。

2017 年 5 月 14 日，习近平主席在第二届“一带一路”国际合作高峰论坛开幕式上讲述唐代海上丝绸之路各国交往的绚烂历史时，讲了一件引人瞩目的事。

这就是“黑石号”的故事。

大海是深邃而神秘的，海底深处可以寻觅到文明的痕迹。

★ 千年沉船“黑石号”复原船（文旅湖南搜狐号 供图）

1998 年的 9 月，夏秋交换的季节，印度尼西亚勿里洞岛海域显得有些忙碌。在一片欢呼声中，一艘被认为是中国唐代的沉船在全球性的关注中，慢慢地、慢慢地浮出水面。

或许是因为大海总是一望无际的，在苍茫的天地间实在找不出什么标识物，好在在打捞作业区的旁边，有一块巨大的黑色礁石，该船即被命名为“黑石号”。这艘在海底沉睡了一千多年的大船，其上运载着金、银、瓷器等中国产品共 67000 余件，其中 56000 余件瓷器产自湖南长沙。

“黑石号”使得一千多年前的“世界陶瓷工厂”——长沙铜官窑再次走进人们的视野。长沙铜官窑与浙江越窑、河北邢窑是唐代三大出口瓷窑。可见当年长沙铜官窑瓷器的生产盛况，及其在海上丝绸之路中所占有的重要地位。

海上丝绸之路蕴藏了中华文明千年开放的密码，从长沙铜官窑里可以找到湖南开放崛起的基因。在千年开放基因的熏陶下，湖南人从来没有停止过“睁眼看世界”的追寻和奋发图强。

同样是在长沙，1992 年当“春天的故事”在神州大地唱响，三湘四水也热气腾腾。改革开放的春风吹来了深圳特区的发展奇迹，而首批14个国家级经济开发区都在沿海城市，这让身处中部地区的长沙“心痒难耐”，坐立不安。

长沙县的决策者决定以开发开放促新县城建设，举全县之力打造星沙开发区。这一年，一份《关于同意建立长沙星沙开发区的批复》下发，开启了建设长沙市内经济技术开发区的先河。这也掀开了“中部第一县”光荣与梦想的大幕。

1992年10月8日，在长沙星沙开发区（后升级为长沙市经济技术开发区）奠基典礼上，时任长沙县人民政府代县长、长沙星沙开发区工程建设指挥部指挥长柳冠群发表了热情洋溢的讲话：“世界正向星沙走来，星沙正向世界走去。我们正和着改革的涛声，激情满怀，高歌猛进。”

一个开发区的建立，带动的不只是经济，更是思想。在2008年改革开放30周年之际，长沙县被列为全国改革开放18个典型地区之一。中国特色发展之路课题调研组《在中国特色社会主义旗帜指引下开拓成功发展之路——对全国18个典型地区的调研综合报告》中这样总结：这18个地方发展的成功实践，是坚持以开放促改革促发展的结果。

长沙县的发展变化告诉我们：始终坚持发展这个硬道理，从实际情况出发，以思想解放谋划新发展，以观念更新谋求新跨越，才会走出一条卓有成效的发展之路。

如今，长沙经开区已形成工程机械、汽车制造及零部件、电子信息、军民融合“两主一特一融合”的产业格局，工业规模突破 2500 亿元，经济总量在湖南产业园区中稳居第一。

星沙开发区的建设，是要与深圳特区“对标”，湖南人从来没有停止过向先进地区“看齐”的行动。其实早在 1987 年 11 月，国务院批准广东成为全国综合改革试验区时，便激起了湖南人的思考。广东全面综合改革试验怎么搞？广东的改革将会对湖南产生什么样的影响？湖南如何应对这一新变化？当时的湖南省委、省政府主要领导在思考的同时，也积极行动，带着各方面的队伍逐一进行调研。

大家一致认为：广东经济发展步子快，主要原因是把中央的政策用得活，搞活经济的办法多，对外开放的路子广。

湖南也要搞改革开放“试验区”！通过搞活湘南，带动全省经济发展。这成为湖南上下的共识。1988 年 4 月 2 日，湖南省政府向国务院报送了《关于加速湖南开放开发的请示》，其中第一条就明确提出："将郴州、零陵地区（现永州市）和衡阳市作为由沿海向内地改革开放的过渡试验区，实行一些过渡政策和灵活措施。"

1988 年 5 月 11 日，国务院批复同意。湘南改革开放过渡试验区正式成立。

一个有意思的细节是，在试验区建立之初，郴州地委、行署便大刀阔斧地开始了一系列粮食改革：对接广东物价，"以放对放，以活对活"。粮食外流，那就提高收购价格，尽量靠近广东的收购水平；计划内的粮食购销，地对县继续实行"双包干"，购销逆差，就由各县、市购议价粮转平价供应；粮食价格提高，那就对非农业人口定量口粮实行差价补贴。

为了贴补干部和职工由此造成的损失，郴州将工龄工资在全国统一规定 1 元的基础上提高到 2 元，开全省乃至全国风气之先。

现在打捞这些历史的细节，正如后来人们评论的那样，不管是星沙开发区还是湘南改革开放过渡试验区，他们迎着南方的风走向现代城市的步伐，都是改革开放的浪潮中，值得定格的城市影像。这些城市青春的记忆，就是三湘四水开放崛起的印记。

“不看不知道，世界真巧妙。”20世纪八九十年代，中央电视台的一档节目《正大综艺》风靡大江南北。这是中央电视台第一个外资介入、第一个以企业冠名的电视栏目，其合作方就是泰国正大集团。正大集团，这家世界500强企业，营业执照上醒目地标注着外资0001号，是中国第一家外商投资企业。1979年，正大在深圳建设了中国第一个现代化饲料厂。

在湘北，洞庭湖畔的岳阳1987年5月18日也与正大集团产生“奇妙的反应”。正大岳阳公司正式开业，主营是饲料生产，这是第一家进入湖南的农业外资企业，这是可以载入湖南开放史的事件，之后它见证了湖南改革开放的光辉岁月。

作为湖南利用外资的先锋，正大岳阳有限公司成了湖南经济发展中的一个标志。它的发育、成长，既是湖南不断转变发展观念的过程，更是积累招商引资经验、按照国际规则办事的过程。

从当初湖南首家农业外资落户湖南，到现在世界500强企业中有超过三分之一落户湖南，某种意义上正是正大集团点燃了湖南招商引

★ “湘欧快线”：长沙 — 蒂尔堡中欧班列开通（湖南日报记者傅聪 摄）

资的“燎原之火”。“十三五”期间，湖南的外贸增速保持在 25%，为全国第一。湖南坐拥中部四方辐辏的优势正在释放，国家级园区和口岸平台数量居中西部前列。

从各个平台上生产出来的“湖南制造”，要如何像当年的铜官窑陶瓷一样走向世界呢？其中湘欧快线的开通就见证了“湖南制造”从三湘四水走向全球的“南征北战”。

2014 年首发，2016 年被纳入中欧班列统一品牌管理，目前湘欧快线实现全国唯一东（满洲里）、中（二连浩特）、西（阿拉山口、霍尔果斯）三通道齐发，途经蒙古国、俄罗斯、德国、波兰、哈萨克斯坦等 14 个国家，物流服务实际覆盖国家有 27 个，布达佩斯、明斯克、德黑兰等多条线路均为首开。其综合运营能力跻身全国中欧班列前五。

来自湖南省内及华东、华南、东南及其他地区的货物，从长沙出发，不到 20 天就能抵达欧洲。这不但优化了湖南省国际物流格局，提升了国际物流整体时效，更能为湘欧投资贸易的繁荣，推进口岸物流的发展发挥重要作用。

路通则达。更大的想象空间是，随着以高铁为新轴线的交通体系

★ 湖南省首条“长沙—北美定期洲际全货机航线”开通（湖南日报记者范远志 摄）

的形成，中国空间经济地理格局正发生历史性的变化，一条条新的高铁经济带的崛起和形成将成为经济新常态下各区域经济增长的新亮点。

在国家高铁网络“四纵四横”规划版图中，京广高铁和沪昆高铁交会于湖南省会长沙市，长沙成为中国高铁枢纽，由此在湖南省境内形成了米字型的高铁经济发展基本格局。未来长沙还将开通渝长厦高铁，使长沙西进内陆东达沿海更加便利。目前湖南实现了省内 14 个市州高铁“全覆盖”，中国高铁大省的地位凸显。

2021 年湖南省《政府工作报告》指出，长沙“四小时航空经济圈逐步成型”，以长沙为中心，四小时内抵达东亚、东南亚、南亚等重要国家和地区中心城市，基本覆盖了当今世界经济增长速度最快、发展活力最足的地区。目前，长沙黄花机场已开通航线 295 条，通航海内外机场 156 个，迈入全国大型繁忙机场行列。

湖南省作为连接东部沿海地区与中西部地区之间过渡带、沿海经济带与长江经济带之间结合部的“一带一部”的区位优势将更明显。这片热土正在用高昂的姿态融入粤港澳大湾区、长江经济带和全球经济与城市体系，湖南的“世界朋友圈”从无到有，拓展至 200 多个国家

★ 第一届中国—非洲经贸博览会2019年6月在长沙成功举办（湖南日报记者傅聪 摄）

和地区。

2017 年 12 月，老挝人民民主共和国驻长沙总领事馆正式开馆，这是新中国成立后外国政府在湖南设立的首家领事机构，领区范围覆盖湖南、湖北、河南和贵州四省。

非洲，是连接亚太地区到欧洲海上丝绸之路的要塞。地理区位独特、人口众多、自然资源丰富，已然成为全球经济竞相逐鹿的新兴市场。得益于“一带一路”倡议和中国—非洲命运共同体的紧密联系，中国已连续 10 年成为非洲第一大贸易伙伴国，2015 年以来每年都举办大型对非经贸活动。

“非洲禀赋”与湖南“优势产业”天然互补。2019 年 6 月的盛夏，在中部，在湖南长沙，一场属于中国和非洲的经贸盛宴正在上演。53 个非洲国家参会，1600 余名外宾，3500 余名境内外参展商、采购商和专业观众参会参展；中非共签署了 84 项合作文件，总额达 208 亿美元，涵盖贸易、投资、基础设施、农业、制造业等各个领域。

随着第一届中国—非洲经贸博览会的顺利举行，其永久落户湖南也已成为事实——这不仅是中国对非洲唯一的经贸平台，也是中非合作“八大行动”第一大行动的第一条举措。这是湖南的荣光，也是湖南具有国家使命的对外平台。

2020 年 9 月，湖南的开放型经济发展站到了一个新的历史起点上。国务院发布了《中国（湖南）自由贸易试验区总体方案》，湖南自贸区将在 119.76 平方公里的范围内开展自贸试验，范围涵盖长沙、岳阳、郴州三个片区。这标志着湖南将以要素贸易和产能出口为主打，未来或形成带动湖南全面开放的平台体系。对于湖南来说，这意味着成为中国改革开放的“新地标“和“试验田”。

2017 年和 2019 年，湖南省政府曾两次向国务院申报设立湖南自贸试验区，其间仅申报方案就进行了 17 轮较大修改和完善。在方案征求意见阶段，共收到 51 个中央部门提出的 205 条修改意见。2020 年初新冠肺炎疫情暴发，相关工作受到影响，湖南依然坚持会同有关单位，多渠道、多方式沟通对接和反复争取，全力推动湖南的自贸试验区申报工作，终于圆梦。

外界评论，此次成功申报自贸区的湖南不沿边不靠海，却有“一带一部”的区位优势，这是新时代湖南打造内陆地区改革开放高地的重

★ 造型为“起航之帆”的中国（湖南）自由贸易试验区长沙片区立式标识牌 2020 年 9 月亮相（湖南日报记者郭立亮 摄）

要载体。

因为开放，人们离开湖南；也因为开放，人们涌向湖南。开放带来崛起，三湘大地——这条已联通长江经济带和粤港澳大湾区的国际投资贸易走廊，这片中非经贸深度合作先行区和内陆开放新高地，正稳步迈入开放崛起的新征程，而幸福将是它最好的注脚。

★

第 二 节

探寻制造高地

地区生产总值（亿元）

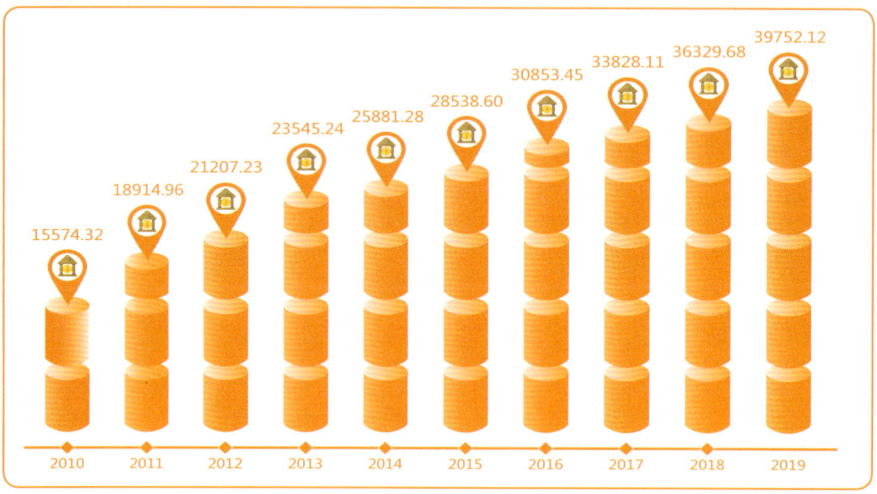

★ 湖南省 2010～2019 年地区生产总值示意图

一个振奋人心的消息让世界睁大了吃惊的眼睛，经历疫情考验的中国经济，2020 年答卷正式公布：国内生产总值（GDP）同比增长 2.3%，达到 1015986 亿元人民币，历史上首次突破 100 万亿元关口。从 1952 年的 679 亿元到 2020 年的 1015986 亿元，堪称世界经济史上的奇迹。

从时间轴上来看，2000 年突破 10 万亿元，中国成为世界第六大经济体；2010 年突破 40 万亿元，中国超过日本成为世界第二大经济体；2016 年以来一路高歌猛进，GDP 接连突破 70 万亿元、80 万亿元、90 万亿元。20 年内，中国 GDP 增长近 10 倍，并在 2020 年突破 100 万亿元大关。

在当前国际环境下，这份答卷背后是中国信心。党的十八大以来，中国坚持以新发展理念引领经济发展新常态，坚持稳中求进的工作总基调，坚持以推进供给侧结构性改革为主线，加快推动经济结构战略性调整和经济转型升级，国民经济呈现结构改善、动力增强和质量提升的崭新面貌，推动中国经济发展取得历史性成就、发生历史性变革。

早在 2012 年，由习近平担任起草组组长的十八大报告中就明确提出，要“切实把推动发展的立足点转到提高质量和效益上来”。

★ 株洲轨道交通产业集群规模突破千亿元（湖南日报记者辜鹏博 摄）

2014 年 5 月，习近平在河南考察工作时，提出了质量领域著名的“三个转变”——推动中国制造向中国创造转变、中国速度向中国质量转变、中国产品向中国品牌转变，并提出了中国经济发展的重要思想——新常态。

2015 年 11 月，习近平在中央财经领导小组第十一次会议上指出，在适度扩大总需求的同时，着力加强供给侧结构性改革，着力提高供给体系质量和效率，增强经济持续增长动力，推动我国社会生产力水平实现整体跃升。自此，供给侧结构性改革一词进入公众视野，供给侧结构性改革成为中国经济新常态下的一项重要工作，提升供给质量也成为中国质量提升的主战场。

2017 年，党的十九大报告明确提出发展经济的着力点是实体经济，要把提高供给体系质量作为主攻方向，坚持质量第一、效益优先两大原则，推动经济发展的三大变革，即质量变革、效率变革、动力变革，努力实现更高质量、更有效率、更加公平、更可持续的发展目标。

2020 年 10 月，党的十九届五中全会着重提到“新发展理念、新发展格局、高质量发展”令人关注。外界认为，新理念是发展的灵魂，新格局是发展的架势，高质量是发展的落脚点。三者之间是紧密联系并贯穿“十四五”发展的鲜明主线。

对于中部区域的湖南，党中央和国务院寄予厚望。2016年3月8日，习近平总书记到十二届全国人大四次会议湖南代表团参加审议，嘱托湖南要抓好“三个着力”，其中第一个着力就是推进供给侧结构性改革。2020年9月，习近平总书记再次来湖南调研考察时提出要打造国家重要先进制造业、具有核心竞争力的科技创新高地，这成为三湘大地新的共识和方向。

2020年，湖南GDP历史性突破4万亿元。这4万亿元的背后也是湖南落实中央精神在供给侧结构性改革这场硬仗中的积极主动，湖南的高质量发展也精彩纷呈，“湖南制造”行稳致远。

2020年12月，湖南的韶山吸引了世界的目光，这次与载人航天有关。

承载着中国载人航天精神的神舟十号载人飞船返回舱，将永久陈列在韶山毛泽东同志纪念馆。除神舟十号载人飞船返回舱落户韶山外，中国探索浩瀚宇宙的另一成果——嫦娥五号带回的月球样品也落户

★ 神舟十号载人飞船返回舱在韶山展出

湖南。

时间回到1965年5月。72岁的毛泽东乘车重上井冈山，“千里来寻故地”，感怀中华大地发生的翻天覆地变化，豪情满怀，奋笔写下著名的词作《水调歌头·重上井冈山》。

可上九天揽月，
可下五洋捉鳖，
谈笑凯歌还。
世上无难事，
只要肯登攀。

这豪迈的词句，既表达了作为领袖的毛泽东的壮志雄心，也抒发了作为诗人的毛泽东的浪漫情怀。从1965年到2021年，56年过去，弹指一挥间。毛泽东当年的伟大预言，而今经过40多年改革开放的洗礼和中国科技的发展，全部变成了光辉现实。

神舟十号载人飞船返回舱和嫦娥五号带回的月球样品落户三湘大

地是对这位湖南籍伟人的缅怀，也是对湖南人在航空航天行业所做贡献的肯定。不忘初心，我们的党从来就没有忘记过为国奉献者的功绩，我们今天所取得的伟大的胜利，与百年大党的目标始终是一致的。党和国家将最重大的纪念物品送归韶山，是对历史的回馈，是对“挖井人”的最好纪念。通过种种的细节安排，让我们对党的伟大有了深切的感受。

回顾百年中国历史，科技创新推动社会进步。探寻中国制造往中国创造的转型飞跃中，湖南人从未缺席。特别是湘商的崛起，成为实业报国、科技兴国的一道风景。

1926 年 8 月，永利碱厂 的红三角牌纯碱在美国费城万国博览会上荣获金质奖章，被誉为“中国近代工业进步的象征”。湖南湘阴人范旭东为此已经花费数不清的日日夜夜。在 20 世纪早期的中国，一磅纯碱的价格相当于一盎司黄金，必须用碱的工业如冶金、石油、化工、医药等领域的发展大受制约。由于市场被英国公司垄断，相关的民族工业纷纷停产，濒临倒闭。

即便接连被几大西方公司拒绝出售成套设备，范旭东也没有放弃，直到1919年底，总算请美国人七拼八凑了一套设计图纸。然而，工厂首次开工之时，所出纯碱色发红夹黑，质量很差，甚至因主要设备干燥锅烧坏，碱厂还一度被迫停产。范旭东经过反复探索、研究和投入，开头这一幕才得以上演。范旭东也被称为“中国民族化学工业之父”“中国重化学工业的奠基人”“中国化工科学研究的先驱”。

曾经内忧外患的近代中国社会迎来“数千年未有之变局”，铁路边，工厂里，穿梭着一批又一批如范旭东一样的湘籍实业家的身影。当西方国家的坚船利炮摧毁了城墙、夷平了田地，有人通红了眼，有人刺痛了心。在19世纪60年代到90年代晚清洋务派所进行的那一场自救运动中，很多湘籍人士创立的企业当时都可以代表“中国制造”的水准。

1929年12月17日，湖南湘潭人，有着旷世逸才之称的杨度，写了一篇《长沙柳虎溪先生八十寿序》，里面就提道：“上海向无湘商，有之自柳君始。”原来，当时杨度有感于天下“无湘不成军”之说，因而希望湖南改变风气，倡导实业。这是文献记载上第一次出现关于“湘商”的概念。

★ 湖南省工商业联合会筹备代表会议合影

杨度之所以会说出这句话，也在于他身体力行，早有实践经验做基础。清朝末年，他曾支持同乡梁焕奎在长沙创办华昌公司。民国时期，华昌公司生产的双环牌纯锑质量、产量均居世界第一，鼎盛时上缴的税收甚至一度超过湖南省税收总额的三分之一。民族矿业先驱梁焕奎也被后人称为“湘商之魂”。

湖南人的一腔热血似乎总与家国息息相关。只是后来，它们大都渐渐消弭于战火纷飞中。国家命运中的历史转折点，主宰着湖南制造业的沉浮。从实业救国到实业兴国，湖南在等待怎样的时机？

新中国成立后，1952 年 8 月，政务院颁布了《工商业联合会组织通则》。1954 年 12 月，随着湖南省工商业联合会第一届会员代表大会在长沙召开，湖南省工商业联合会正式成立。

“一五”“二五”期间，株洲被列为全国首批重点建设的 8 个工业城市之一，一个个国家重点工业项目纷纷落户这里。有人评价，彼时株洲在湖南省工业版图的地位，堪比东北三省之于中国。自新中国成立以来，这里诞生了 180 多个新中国工业史上的“第一”，如第一块硬质合金、第一枚空对空导弹、第一台电力机车、第一台航空发机等。

1978 年，兴起的第一代个体工商户，见证了改革开放传递到湖南的第一炷时代之炬。而邓小平 1984 年、1992 年两次视察南方，很快为湖南种下另一颗不平凡的种子，一批了不起的湖南人登上“中国制造”的舞台。

毕业 3 年，湖南涟源人梁稳根毅然辞职，选择从国企“下海”创业，那是 1986 年。后来，梁稳根贩过羊、销过酒、生产过玻璃纤维，一路摸爬滚打，最终选择了中国重工制造领域。

1992 年，刚刚上任长沙建设机械研究院副院长，37 岁的詹纯新面对处于市场经济与计划经济夹缝中的艰难生存情况，决定创办公司，以便实现以产业养科技、以科技促产业的良性循环。

原本在工厂打工的湖南湘乡人周群飞，1993 年来到深圳，开启独立创业之路。从 2003 年开始专注手机防护视窗玻璃的研发、生产和销售后，周群飞也逐步将发展重心引入湖南。

这三个熟悉的名字，前面都有着更响亮的来头：三一重工、中联重科、蓝思科技。

得益于改革开放，他们抓住机遇，更敢为人先，成为吹响“湖南制

★ 三一集团18号厂房是亚洲最大的智能化车间（湖南日报记者郭立亮 摄）

造”向“湖南智造”转型号角的重要力量。

如今，长沙星沙经济开发区三一产业园的18号厂房，是亚洲最大的智能化制造车间，号称“最聪明的工厂”。焊接、打胶等作业机器人随处可见；物料配送、仓储都是无人操作；每个工位做什么、何时做，都由程序说了算。在这个车间，5分钟下线1台挖掘机，50分钟生产1台泵车——这是三一重工智能化、数字化转型下的一个实践样本。而在中联重科的产业园里，同样可以看到多项“现象级”产品——成功完成“华龙一号”核电穹顶吊装任务、有116个传感器的中联重科3200吨履带起重机、56米高精高效泵车……无不释放着先进制造的“荷尔蒙”。

此外，华菱钢铁、中车株机、特变电工衡阳变压器有限公司等一系列工业制造企业，都为湖南发力“制造强省”带来底气；在医疗保健、环保、新材料、航空航天、互联网技术等各个新兴领域，湖南也时刻瞄准时机，以科技力量创新思变。

时速千米，自长沙南站驶向黄花国际机场——2016年5月6日，长沙磁浮快线开通运营。这是中国首条拥有完全自主知识产权的中低速

★ 蓝思科技股份有限公司浏阳厂区的手机玻璃屏生产线（湖南日报记者郭立亮 摄）

磁浮铁路——包括自主设计、自主制造、自主施工、自主管理。那奔驰在快线上的红白相间的列车，正是由中车株机自主研发生产的中低速磁浮列车“追风者”号。

茫茫旷野，有“追风者”飒飒；九霄云上，也有“湖南元素”熠熠生辉。

从运载火箭上的一个燃料贮箱到飞船上的一部液晶显示设备，凭借强大的科研力量支撑，多年来，湖南承担了国家载人航天、探月工程、深空探测、北斗卫星导航、高分辨率对地观测等一系列国家航天领域重大科技专项和重点工程。

让“去太空”变得更牢靠，华菱线缆、湘潭特种线缆、衡阳恒飞线缆承担了长征系列火箭点火线缆、特控线缆和航天员“脐带”线缆等研制任务；让“回地球”变得更安全，江南工业集团承担了神舟系列载人飞船航天座椅缓冲器研制任务，保障了历次载人航天任务航天员的生命安全；让“放卫星”变得更容易，长沙天仪研究院、湖南航升卫星是我国商业航天的重要参与者，已累计发射各类卫星近 20 颗。

科技之下，有关生活的细枝末节也在不断延伸。在传统农业大省

★ 中联重科全球最大塔机智能工厂2019年1月11日开园（湖南日报通讯员 摄）

的基础上，湖南省农业科学院发起的隆平高科，是国内首批拥有完整科研、生产、加工、销售、服务体系的“育繁推一体化”的种业企业之一；湖南圣湘生物深耕技术创新，是国内新型冠状病毒检测产品最早获批上市的前6家企业之一，目前已服务全球近150个国家和地区的疫情防控一线……

“昔日无湘不成军，今日湘商成新军。”2007年，在湖南省委、省政府的精心呵护下，随着第一届湘商大会的举行，湘商又一次进入“中国十大商帮”之列，“湘商元年”始得认证。

2019年，是寻常又不寻常的一年。举办到第九届的“湘商大会”第一次出现了“全球”的前缀；首届全球高端制造业大会在湖南长沙开幕；湖南机械行业的“头头们”围坐一堂，共话“从工程机械到智能制造”——他们分别代表了“全球工程机械50强”的4家湖南上榜企业。

就如中国制造要在全球市场中找到自己的定位，以工程机械为代表的湖南制造在全球竞争中就如当年的“湘军”一样犀利，有江湖地位，也有话语权。

2020年9月，在“十三五”规划和决胜全面建成小康社会即将收

★ 铁建重工长沙第一产业园总装车间盾构机装配（湖南日报记者傅聪 摄）

官的关键节点，习近平总书记来到湖南考察，先后走访了山河智能装备股份有限公司等企业、园区。对湖南的先进制造业、自主创新能力，他寄予了殷切希望。

曾经，炮火连绵，硝烟不断，一批批湖南人前赴后继、挺身而出，期冀以实业救国兴邦；如今，天上飞的飞机，地上跑的高铁、磁悬浮，可以将混凝土泵上 20 层建筑的长臂架合规泵车，以及奔月挖土的“嫦娥五号”……三湘大地涌现出了一批前瞻性、颠覆性、引领性创新成果，高新技术产业连续保持 14% 以上增幅，创造了“自主创新长株潭现象”，湖南“智造”与科技力量在世界舞台上闪耀。

滚烫的血液代代相传。千百年来，湖湘儿女敢为人先、开拓进取的创新意识和奋发努力、务实拼搏的行事作风，始终一脉相承，见证着湖南的先进制造业、科技创新之路，在这不曾动摇的根基之上，向前铺就，直至接轨世界。

在新一轮的全球竞争中，湖南带着“国家重要先进制造业高地”与“具有核心竞争力的科技创新高地”的殷切嘱托，既是对过去的肯定，更是对未来的期盼。从中我们也可以看到中国智造的未来和方向，而湖

★ 2019 年 6 月 27 日，位于株洲市的湖南山河科技股份有限公司，中国第一款准入美国市场的先进复合材料飞机机型山河 SA60L（阿若拉）飞机整装待飞（湖南日报记者辜鹏博 摄）

南人亦可以发出自己的声音，留下湖南的“传说”。

特别是当前，湖南已确定了 20 个新兴优势产业链，尤其侧重高端装备制造、新材料、新一代信息技术等领域，这奠定了“高地”之基石；而在与世界接轨的路上，工程机械、先进轨道交通装备与航空航天三大产业集群也正在向世界级先进制造业集群挺进，以树立“高地”之旗帜。

人才、资金、技术向这里奔赴、汇聚，就像一湖四水于三湘大地上奔流不息；谋划、建设、创新为这里汇智、聚力，书写下“依山傍水”的湖南何以“上天入地”。而这一切的精彩，篇章初成，未完待续。

“世上无难事，只要肯登攀。”这一如当下披荆斩棘“智造湘军”的精神写照，湖南制造业的梦想只是中国制造崛起的一个缩影。

第 三 节

一江碧水安澜

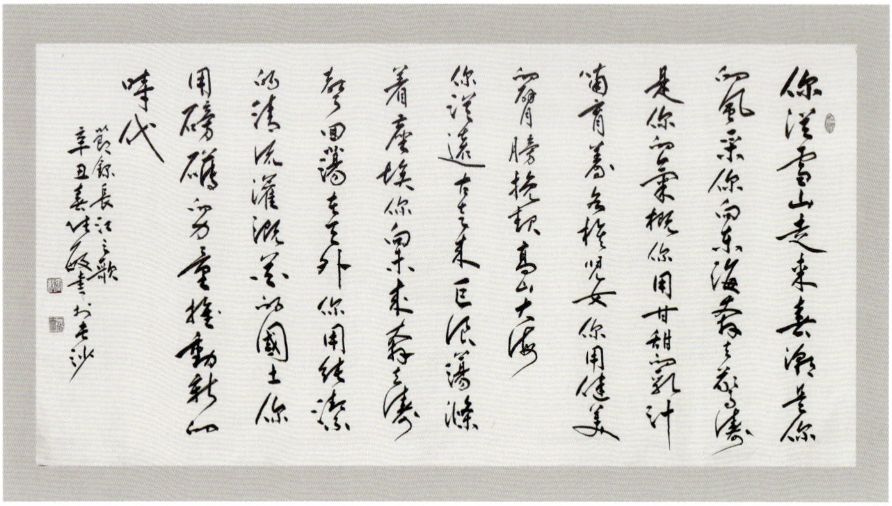

★ 书法《长江之歌》

张敏 书

你从雪山走来，
春潮是你的风采；
你向东海奔去，
惊涛是你的气概……

一曲澎湃激昂的《长江之歌》，唱出中华民族“母亲河”的壮美与希冀。

长江宛如一条“巨龙”，共涉及 19 个省，长江流域土地面积约 180 万平方公里，占我国国土面积的 18.8%。遵循“治国先治水”的古训，新中国刚一成立，中国共产党人本着对人民负责的精神，把治理长江水患，开发利用长江水力资源，促进长江流域经济的全面发展，当作政府工作的头等大事。

中国共产党人从未停止过对长江治理的思考和实践。2013 年，习近平总书记在武汉调研时指出，长江流域要加强合作，发挥内河航运作用，把全流域打造成黄金水道。

从此，长江经济带的开发进入新的阶段。

长江经济带横跨中国东中西三大区域，是中央重点实施的重大战略之一，是具有全球影响力的内河经济带、东中西互动合作的协调发展带、沿海沿江沿边全面推进的对内对外开放带，也是生态文明建设的先行示范带。

2016 年 1 月 5 日，习近平提出“生态优先、绿色发展”的战略定位和“共抓大保护、不搞大开发”的战略导向。从推动、深入推动，到全面推动，五年来，习近平总书记先后来到长江上游、中游、下游，三次召开有各方人士、专家学者参加的座谈会，群策群力，聚焦长江经济带发展。

清船清网，禁捕退捕，生物完整性指数不断回升；腾退岸线，污染治理，流域生态功能持续恢复…… 五年来，沿江省市推进生态环境整治力度之大、规模之广、影响之深，前所未有。长江经济带生态环境保护发生了转折性变化。

2021 年 3 月 1 日，《中华人民共和国长江保护法》正式施行。长江的水一天天变清了，两岸的山也一年年变绿了，长江的生态保护得到全面落实，焕发出新的生机。

扼长江以南交通之要津的湖湘之地，注定无法缺席长江经济带的发展，注定要在此大战略上绘就浓墨重彩的画卷。2018 年 4 月，习近平总书记来到长江岳阳段，勉励湖南“继续做好长江保护和修复工作，守护好一江碧水”。这为湖南长江经济带建设提供了方向指引和根本遵循。

今日之湖南，“共抓大保护，不搞大开发”的理念深入人心，“绿水青山就是金山银山”的发展路径愈加清晰。一江碧水，正滚滚东流。

洞庭之东，麋鹿奔忙，江豚跳跃，鸟鸣阵阵。天鹅、黑鹳、灰鹤、大雁在湖面翩翩起飞，越来越多候鸟在此过冬。洞庭之西，常德青山湖码头，一条条渔船上岸拆解，机器的轰鸣声渐渐消失，还洞庭湖一片安宁。

在这西东之间，演绎着“长江大保护”“守护好一江碧水”的湖南故事，更述说着湖南在新发展理念指引之下有序开发的新篇章。

滚滚长江，在湖南蜿蜒 163 公里，接纳湘、资、沅、澧四水，在广阔的洞庭湖区舒展开来。

作为“长江之肾”的洞庭湖，“一湖四水”辐射全省、联通长江，是长江中游最重要的通江湖泊和最主要的调蓄湖泊，关系湖区千万人民

★ 万千溪流汇聚的洞庭湖

的生产生活，牵连整个长江生态系统的平衡。

一直以来，洞庭湖是长江水环境治理的主战场之一。全国政协副主席、民盟中央常务副主席、著名社会学家费孝通当年曾几次深入湖南、湖北两湖地区进行调研和考察，并召开专门会议研究洞庭湖区水环境的治理。1987年，费孝通召集有关长江和洞庭湖综合治理的“两湖会议”，会议形成的建议纪要深深影响着长江荆江段和洞庭湖的治理。

费孝通与湖南、洞庭湖及长江流域治理的“渊源”，正说明在历史悠久的长江流域治理开发中，人类对长江的开发和利用，积累了来自从官方到民间的各种智慧。而中国共产党人用其海纳百川的情怀吸纳各方观点，随着科学的不断发展，对长江的认识和改造也不断地发展和升华。

在1996、1998、1999年连续几年发生特大洪水后，洞庭湖治理思路发生重大转变，从“与水相争”到“为水让路”，从“人定胜天”到“人水和谐”，从一味地“堵”到适当地“疏”。

其中2014年4月，国务院批准设立洞庭湖生态经济区，自此上升为国家发展战略，这对于探索大湖流域以生态文明建设引领经济社会全面发展新路径，促进长江中游城市群一体化发展和长江全流域开发开放具有重要意义。

正如著名的《长江之歌》所唱的那样，“你从远古走来，巨浪荡涤着尘埃；你向未来奔去，涛声回荡在天外”。长江既是一条古老的河流，又是一条青春的河流。长江孕育了古老文明，长江也推动着新的时代的到来。

事实上，新中国成立后，中国共产党治理开发长江流域的实践，先后形成了以毛泽东、周恩来为代表的治理开发长江流域的思想。不管是“长江水利委员会”专门机构的建立，还是“长江三峡”这样大项目的建设，一代又一代共产党人以人民为中心，穷尽毕生精力，投入长江流域的治理和开发中来。

时间来到 2016 年 1 月 5 日。习近平提出“生态优先、绿色发展”的战略定位和“共抓大保护、不搞大开发”的战略导向。这意味着，以修复长江生态环境为主要目标的大保护战略将成为推动长江经济带发展“最紧迫而重大的任务”。这是从中华民族长远利益考虑作出的重大

★ 长江临湘段生机勃发（湖南日报记者陈仕林 摄）

战略调整。

如何走生态优先、绿色发展之路，使绿水青山产生巨大生态效益、经济效益、社会效益，使母亲河永葆生机活力，这是不得不思考的重大现实命题。从此，对长江流域的治理和开发也进入新的历史阶段。

古往今来，河流始终是一切文明兴盛繁荣的根基。泰晤士河横贯伦敦与沿河的十多座城市，孕育了发达的经济、科技、文化，被誉为“一部流动的历史”。莱茵河风景美丽，人文厚重，是欧洲重要的商贸大动脉。哈德孙河从过去工业污染还原为绿草茵茵、天蓝水碧、人与自然和谐共生的美丽家园。

从根本上说，“共抓大保护、不搞大开发”就是要超越以往的旧有发展思维、发展理念和发展模式，用新的世界眼光、国际标准，实现绿色发展，将长江经济带打造成新发展理念的试验田，为流域发展提供中国样本，展示中国智慧、中国形象。

2019 年 3 月 3 日，全国政协十三届二次会议首次“委员通道”开启，9 名全国政协委员接受了中外媒体的采访，全国政协常委、民进湖南省委会主委、湖南省生态环境厅副厅长潘碧灵便是其中一位。这是 2018 年

★ 在岳阳市君山区，长江、洞庭湖两边具有大片湿地（湖南日报记者童迪 摄）

全国两会首次开设“委员通道”和“代表通道”后，第一位走上“委员通道”的住湘全国政协委员。在委员通道上，潘碧灵用4分钟时间讲述了长江流域水质发生的变化和各方作出的努力。

“长江大保护既是一场攻坚战，也是一场持久战。”潘碧灵用湖南声音告诉世界，通过大家的努力，充满生机和活力的万里长江，不久的将来就可以再次呈现在世人面前。

的确，修复长江生态环境摆在压倒性位置，生态优先绿色发展的理念已深入人心。那么湖南在长江经济带中有怎样的作为？从生态修复到绿色经济，从绿色标尺到法律保障，回顾过去、立足现在、展望未来，湖南的发展铺出一条行进中的绿色生态之路。

2018年4月25日，长江沿岸春和景明，华龙码头碧波万顷，岸边草木繁盛。习近平乘船考察长江，来到位于长江沿岸的湖南岳阳君山华龙码头，勉励湖南“继续做好长江保护和修复工作，守护好一江碧水”。

其实彼时，湖南沿江沿湖地区，因为曾经过度依靠重化工业和矿产资源“吃饭”，留下大量废水、废气、废渣，已不能适应绿色发展的

★ 湘江株洲市区段，一江碧水穿城而过（湖南日报记者李健 摄）

时代要求。为此，湖南拿出壮士断腕的决心和勇气，一次次攻坚战，指向利益固化的藩篱，朝着沉疴宿疾开刀。

近年来，湖南省政府及时下发《关于开展洞庭湖区矮围网围清理整治的通知》，湖区按照新标准累计拆除矮围网围120多处、矮围面积近20万亩。一举取缔了长江岸线湖南段的39个砂石码头，拆除沿江小散码头泊位42个，关停渡口13道，退还长江岸线7.24公里；27个长江干流岸线利用清理整治项目全部完成。

长江大堤外滩的滩头不再裸露，内垸的宜林地加快“补绿”，长江岸线完成造林19593亩。长江干流及湘江两岸10公里范围内，545座废弃露天矿山完成生态修复……山水林田湖草一体化保护修复，163公里长江岸线建成美丽风景线，三湘大地尽显浓浓绿意。

湖南“母亲河”湘江的治理成果显著。通过实施湘江治理与保护三个“三年行动计划”，关闭“散乱污”企业1563家，洞庭湖湖体总磷浓度较2015年下降41%，湘江干流省控监测断面水质达Ⅱ类。

一组组数据、一个个案例背后是新时代的湖南在奏响自己的“长江之歌”。一个细节是，2020年11月许达哲履新湖南省委书记后，首

★ 衡阳市湘江水绿，东洲岛环境宜人（湖南日报记者傅聪 摄）

次市州调研就来到长江之滨、洞庭湖畔的岳阳、常德、益阳，围绕推动长江经济带发展召开座谈会。

2020 年 12 月 30 日，湖南省 14 市州“三线一单”（生态保护红线、环境质量底线、资源利用上线和生态环境准入清单）编制成果已全部完成发布，湖南也成为全国范围内首个发布全域环境管控单元生态环境准入清单的省份。

2021 年 1 月 1 日 0 时起，湖南境内长江湖南段、洞庭湖、湘资沅澧“四水”干流等水域，全面实行“十年禁渔”。长江是世界上水生生物最为丰富的河流之一。“十年禁渔”被认为是扭转长江生态环境恶化趋势的关键之举。

事实上，湖南禁捕退捕任务艰巨，渔船、渔民数分列全国第二、三名。但湖南自加压力，不仅在长江干流、洞庭湖实施禁捕退捕，还将湘、资、沅、澧“四水”干流一并纳入禁捕退捕范围。

青山着意、绿水含情。因为令行禁止，动真碰硬，湖南正在分享融入长江经济带的红利。展开湖南的地图，湖南长江经济带沿岸的重要城市如同璀璨的星河，以各自不同的姿态熠熠生辉。

★ 栖息在岳阳市东洞庭湖国家级自然保护区的小天鹅（新华社 供图）

长株潭城市群是长江中游城市群中的重要一环。根据颁布的《长江中游城市群发展规划》，环长株潭城市群的定位，是建设全国两型社会示范区、“四化”同步发展先行区、现代化生态型城市群。

长江水利委员会办公室在正式印发的《关于支持湖南岳阳开展长江经济带绿色发展示范的意见》里，岳阳成为第5个国家长江经济带绿色发展示范城市。

2020年11月14日，习近平总书记赋予了长江经济带生态优先绿色发展主战场、畅通国内国际双循环主动脉、引领经济高质量发展主力军的新战略使命，指出长江经济带要践行新发展理念，构建新发展格局，推动高质量发展。

长江之歌依然如此让人澎湃。一往无前的决心和豪迈，替换了一段段荒诞开垦、无度汲取的记忆，长江带着滋养三湘大地的浩荡，在绿水青山的愿景中，绘就了一幅根植于三湘儿女心底的时代蓝图。

第四节

农业荣光今在

★ 娄底市新化县紫鹊界梯田稻谷飘香（湖南日报记者辜鹏博 摄）

农，天下之大本。中国是传统农业大国，自古以来就有以农治国的传统。新中国成立后，党和政府确定了以农业为基础，以工业为主导，按照农业、轻工业、重工业的次序安排国民经济的基本方针。改革开放以后，特别是21世纪以来，党中央高度重视"三农"问题，始终坚持把解决好"三农"问题作为全党工作的重中之重。

对于中国这样一个人口众多、农业资源相对紧缺的国家，如何建设社会主义、实现农业现代化，没有经验模式可循，唯有改革创新才有出路。

在中国共产党的领导下，从20世纪50年代的农业合作化，到改革开放后实施的家庭联产承包责任制，再到农产品市场化改革、取消农业税等，每一步改革和探索，都走过了不平凡的道路，并对农业发展产生了极为深远的影响。

党的十八大以来，农产品价格形成机制、农村土地制度、集体产权制度等一系列重大改革的深入推进，适应了农村生产力发展要求，赋能中国农业从"大国"往"强国"转型。

外界认为，党的十九大报告中提出的乡村振兴战略，根本目的就是要真正促进农业农村现代化。

★ 益阳市赫山区笔架山乡优质稻基地生机盎然（湖南日报记者 徐行 摄）

农业农村农民问题是关系国计民生的根本性问题，解决好“三农”问题是全党工作重中之重。习近平总书记强调，没有农业农村现代化，就没有整个国家现代化。伴随国家的现代化进程，农业现代化取得了让世界瞩目的成绩。新时代的中国农业在现代化的征程中披荆斩棘。

2021 年，21 世纪以来第 18 个指导“三农”工作的中央一号文件 2 月 21 日由新华社受权发布。

这份题为《中共中央、国务院关于全面推进乡村振兴、加快农业农村现代化的意见》的文件指出，民族要复兴，乡村必振兴。要坚持把解决好“三农”问题作为全党工作重中之重，把全面推进乡村振兴作为实现中华民族伟大复兴的一项重大任务，举全党全社会之力加快农业农村现代化，让广大农民过上更加美好的生活。

在中国版图里，湖南一直是传统农业大省。农业发展，一靠政策，二靠科技。一个细节是，新中国成立以来，湖南是全国仅有的从未间断向国家提供商品粮的两个省份之一。

习近平总书记一直关注湖南农业发展。2016 年 3 月，习近平总书记在十二届全国人大四次会议期间参加湖南代表团审议时表示要“实现

★ 蓝山县塔峰镇雷家岭村舜水田园综合体（湖南日报记者童迪 摄）

藏粮于地、藏粮于技”。2020 年 9 月，习近平总书记来到湖南调研视察时作了语重心长的嘱托，提出务必“推进农业农村现代化”。

事实上，党的十八大以来，湖南省委、省政府积极响应落实中央战略，实施“百千万工程”，着力推进农业现代化。一是实施“百企千社万户”工程，培育新型农业经营主体。二是实施“百片千园万名”工程，为田野浇灌“科技水”。这推动着湖南从农业大省加快迈向农业强省的步伐。

民不贱农，则国安不殆。

有些故事，在这片土地上几乎是永恒的。1995 年秋天，在湖南永州市道县玉蟾岩的尘土之下沉睡万年后的古水稻初露芳容。这次由袁家荣、顾海滨、张文绪等多学科专家组织的玉蟾岩第二次发掘，举世瞩目。“湖南发现了世界上最早的水稻！”——这一消息震惊了世界。

寒冬已至，但考古人员始终心潮澎湃。随着八十垱遗址的古河道内往上冒的地下水，大量金黄色的稻谷喷涌而出。捞出的稻谷，在空气中一两分钟后就变成了黑色。“1、2、3、4、5……8583、8584 粒！”考古人员不禁感慨：“湖南的酸性土壤很不利于稻谷的遗存。这里猛地冒出近万

★ 常德澧县城头山遗址（湖南日报记者郭立亮 摄）

粒距今约8000年的炭化稻，真是奇迹。”

好消息总是接踵而至。1996年，“中国最早的城市”——湖南常德澧县城头山遗址，在忙碌着的世人面前现身。

如今的澧阳平原之上，稻田间的农民逐渐向“手把青秧插野田，抬头便见水中天”的时代告别，他们操着各式农机劳作虽不过十来年，但这千百年间，除却镰刀、牛马套、铁犁、扇车、插篓机，不曾断绝的稻作，引导人们一睹6500年前神农拾穗的浪漫传说。

聚族而居的澧阳平原腹地，筑垣为城，高出四周平原2至4米的矮岗上，便是“名为山，实为丘岗”的城头山遗址。这里有着现存灌溉设施完备的世界最早古稻田，6000多年的故事，被掩埋在最深层的历史河床中。由荒蛮走向文明的历程总是艰辛的，为了生存，城头山人在水田间播种水稻，初尝油料作物之香醇，驯化牛、羊、鸟，造就城头山“城池之母，稻作之源”之地位。

《古谣谚·湖广谚》曰：“湖广熟，天下足，言土地广沃，而长江转输便易，非他省比。”这句缘起于明朝中后期的谚语，昭示了湖南作为粮食大省的地位。千百年的转圜，洞庭湘水之间，日头之下，耕作从未停

★ 20 世纪 70 年代，干部和群众一起劳动的场景

歇。随着新中国的蓬勃成长，从土地改革到农业合作化，从人民公社到家庭承包经营，从城乡统筹到乡村振兴，逐步摒弃封建小农经济意识后，湖南农业的发展亦是日新月异。

惊蛰春雷响，农夫闲转忙。节气犹如发令枪，天气渐暖、土壤解冻。

从 1950 年到 1953 年，土地改革让广大农民分得了土地，农业生产得到了迅速恢复和发展。1954 年，湖南省委提出“积极经营多种正当的副业，如养猪、打鱼等，也是增加收入的主要来源之一”，各地利用自然资源，开展多种经营。在湖南许多农村里，田间地头都呈现出一派繁忙景象：攒三聚五的农民或是平地，或是犁地，有的正拉运农家肥，四轮车各处奔走，叽叽喳喳的喧闹声，此起彼伏。

1979 年夏天的一个晚上，长沙县开慧公社竹山大队张家塝生产队（现长沙县开慧镇葛家山村），村民集体忙完早稻收割后，队长缪立亮和几位副队长、会计聚在一农户家里。煤油灯下，大家作出“单干”的决定：从晚稻开始，就“各自忙各自”的农田。那时，竹山大队有十二个村组生产队，张家塝是头一个。这个夏天被视为湖南“包干到户”的开端，竹山大队也成了湖南的“小岗村”。

如今，长沙县开慧镇葛家山村已经成为远近闻名的富裕村，这里优美的环境令人赏心悦目，竹山水库、斯洛特湖、开慧河湿地等美景让人久看不厌。葛家山村两委依托“红色开慧、绿色板仓”，不断丰富乡村体验项目，不但使村级经济收入逐年递增，而且通过创新乡村治理，推动美丽乡村建设，先后荣获过全国文明村镇等荣誉，展示了中国村庄旺盛的生命力。

这种生命力的传承源自沉睡于万年前的稻谷，在广袤的三湘大地之上，亦有无数先辈楷模穷其一生，只为实现“春种一粒粟，秋收万颗子”的梦想。

在湖湘大地之上，流淌着一腔热血的探路者众多，形成了让外界瞩目的“湖南农业院士天团”。

1960 年 7 月，在湖南省安江农业学校试验田中，一名教员意外发现一株特殊性状的水稻。这个植株鹤立鸡群，在低矮的稻田里显得“格格不入”—— 或许这是“天然杂交稻”？发现这株水稻的教员不是别人，正是后来名震天下、造福世界的“杂交水稻之父”袁隆平院士。

“油菜院士”官春云，60 多年前从当时的湖南农学院农学专业毕

★ 湖南建玲安化黑茶标准化生产加工车间（湖南日报记者郭立亮 摄）

业后留校任教，根据需要进入油菜教研室工作。在下乡指导生产过程中，看到很多农民由于缺乏食用油而吃“红锅菜”，他十分难受，立志为老百姓有油吃而努力。

“养猪院士”印遇龙，22 岁的他，从湖南师范大学生物系毕业后，与生猪养殖结缘。猪笼子自己做，猪崽子自己抓，从 1978 年至今，印遇龙分析猪粪猪尿等样品达 4 万多次。他，一个几十年如一日地研究生猪养殖的专家，自然是院士的必然人选。

“辣椒院士”邹学校，1979 年拿到湖南农学院的录取通知书时，家里一贫如洗，父亲只得临时外出打工一个月，用挣来的工钱，给儿子买了一床棉被、一床蚊帐，做了一个木箱，这才凑足了邹学校去长沙的路费。从那时起，他专注于辣椒的研究。因为他的努力，湖南特有的“辣文化”带着最美的舌上体验，风靡全国餐桌。

“茶叶院士”刘仲华，一个与茶打交道的学者。研究生刚刚毕业时，即开始了黑茶加工中品质风味形成的机理研究，在湖南益阳茶厂，研究团队首先研究黑茶初制过程，即从鲜叶加工成黑毛茶，然后研究黑毛茶压制成茯砖茶的工序。从 1988 年起步的这一项持续的研究，使得今

★ 湘西茶园（刘克兴 摄）

天益阳的发展，登上的是黑茶的专列快车，成为当地响当当的产业集群。

“养鱼院士”刘少军，从“院士父亲”刘筠手中接过接力棒的“鱼专家”，让人有一种望而生敬的严谨。幼时的他便常去父辈经营着的位于山野之间的养鱼基地观习。水田里，父亲的身影是忙碌的，刘少军便卧在一旁的草垛上，细细地观察，在乡野此起彼伏的蛙声中思索着。

他们，在各自领域深耕多年，为湖南省乃至全国的农业产业发展作出了重要贡献。这份担当与奉献代代相传，湖湘儿女“心忧天下，敢为人先”“吃得苦、霸得蛮”的精神，始终流淌于湖南人的血脉当中，形成一种开拓进取的强大精神力量，成为湖南农业产业发展的指路明灯。

如今，湖南全省农林牧渔业总产值是1949年的300余倍。湖南农产品供给能力更是有了历史性的提升：湖南粮食总产量由1949年的640万吨到稳定在3000万吨以上；以占全国3.2%的耕地生产了占全国6%左右的粮食。作为全国仅有的从未间断向国家提供商品粮的两个省份之一，湖南为确保国家粮食战略安全和大宗农产品有效供给作出了重要贡献。人民的“米袋子”充沛，“菜篮子”丰盛，“果盘子”丰富，

★ 汉寿县西湖管理区正在收割水稻（湖南日报记者郭立亮 摄）

湖南农业也由温饱农业向小康农业迈进。

“任凭风浪起，我有压舱石。”这份自信源自湖南农业现代化的迅猛进程，也源自湖南实现农林牧副渔的全面发展和农村经济的全面活跃。不同经济区凭借不同的生态特征、特色资源、自然条件等发展特色农业。宁乡花猪、靖州杨梅茯苓、安化黑茶产业园获批创建国家现代农业产业园；环洞庭湖区，特色水产品、水生作物已成一大亮点；湘阴藠头、石门柑橘、浏阳黑山羊、湘潭湘莲、临武鸭等一大批特色农产品脱颖而出，蜚声国内外市场。

此外，湖南重点打造了“湖南茶油”“湖南红茶”“安化黑茶”三大区域公用品牌；新宁崀山脐橙、麻阳冰糖橙、古丈毛尖茶、炎陵黄桃、靖州杨梅、江永香柚等一批农产品特色品牌纷纷涌现。各地无不使出浑身解数，在乡村振兴的大背景之下，以“品牌化”为路标，打造带有地方印记的农特产品。

丰收之余，改善明显的农业生产条件亦不可忽视。新中国成立至今，湖南对农业基础设施建设的投入不断加大。无论是洞庭湖区综合治理、山丘区病险水库治理和“四水”整治后得以改善的农田灌溉条件，抑或是全省农机总动力由1949年的0.10万千瓦增长至2018年的6340万千瓦，水稻耕种收综合机械化水平达到73.8%的农业机械事业，如今的现代耕作方式使得大批农业劳动力转移就业。正所谓“藏粮于地，藏粮于技”，此乃湖南也。

新时代的农业大省湖南，其农业发展正处于“十字路口”上。一方面，农产品生产成本的抬升与市场价格的挤压，过于追求数量的增长方式难以为继。另一方面，消费者不再单纯追求“吃饱”，“吃好”“吃健康”已成为新风向。

新时代的农业大省湖南，面对习近平总书记“着力推进农业现代化”的殷殷嘱托，不断提升农业生产机械化、合作化、规模化水平，深入实施“百片千园万名”工程，省市县层层创办结构调整示范片，创建现代农业产业园，每年选派1万名农业科技人员下乡，运用新科技，示范新技术，推进特色产业发展，做给农民看，带动农民干。

新时代的农业大省湖南，在实施乡村振兴战略的号角声中，坚持农业农村优先发展，推进农业供给侧结构性改革，建设以精细农业为特色的优质农副产品供应基地，打造千亿级优势特色产业链，推进品牌、特色、质量、产业融合、科技、开放等六大强农行动，推进美丽乡村建设，保障和改善农村民生，高起点绘蓝图，全方位聚合力。

新时代的农业大省湖南，正随着中国不断前进的脚步，吟诵着“喜看稻菽千重浪，遍地英雄下夕烟”的歌谣，迈入农业强省的殿堂。

秋分时节，湖湘大地，田间稻浪翻涌，林间果香四溢。奋发进取的三湘儿女，终于通过自己的努力和“天下己任”的担当，赶走了千百年来挥之不去的饥饿梦魇，成就了“风吹稻花香两岸”的伟大的新农业梦想。

这个故事，仍将继续由这片土地上的儿女们书写。

★

第 五 节

首倡之地有首倡之为

“民为邦本，未有本摇而枝叶不动者。”反贫困是古今中外治国理政的一件大事。中国共产党在中国执政就是要为民造福，而只有做到为民造福，我们党的执政基础才能坚如磐石。所谓得民心者得天下，就是这个道理。

新中国成立之初，中国百废待兴，人民生活处于极度贫困的境地。湖南也是一穷二白。一位南下老干部感慨地说，当时湖南农村既没有公路，也没有拿得出手的交通工具，每天翻山越岭、爬山涉水，全靠两条腿，生活条件极其艰苦。

中国共产党带领全国人民持续向贫困宣战。改革开放初期，针对大面积、大范围的农村贫困人口，通过全面农村改革带动了贫困人口大幅度减少。党的十八大以来，习近平总书记科学判断扶贫形势新变化、新特征，提出精准扶贫、精准脱贫基本方略。

实践证明，精准扶贫、精准脱贫是新时代打赢脱贫攻坚战的正确方略。中国脱贫攻坚取得决定性进展，力度之大、规模之广、影响之深，前所未有，创造了人类减贫史上的最好成绩。中国特色的扶贫开发道路，使7亿多农村贫困人口成功脱贫，也为全球的扶贫事业贡献了中国方案。

★ “精准扶贫”首倡地——十八洞村精准脱贫之路展览（隆清华 摄）

中国在解决贫困问题上取得的显著成效，在世界上首屈一指，从全球背景来看，中国扶贫的努力对寻求摆脱贫困的新兴市场国家和发展中国家具有巨大价值。

2021 年 2 月 25 日，习近平总书记在全国脱贫攻坚总结表彰大会上庄严宣告，经过全党全国各族人民共同努力，在迎来中国共产党成立一百周年的重要时刻，我国脱贫攻坚战取得了全面胜利，现行标准下 9899 万农村贫困人口全部脱贫，832 个贫困县全部摘帽，12.8 万个贫困村全部出列，区域性整体贫困得到解决，完成了消除绝对贫困的艰巨任务，创造了又一个彪炳史册的人间奇迹！这是中国人民的伟大光荣，是中国共产党的伟大光荣，是中华民族的伟大光荣！

中国共产党在建党之初就确立了为人民服务的初心。消除贫困、改善民生、逐步实现共同富裕，始终是党的重要使命。扶贫开发正是中国共产党不忘初心、全心全意为人民服务的生动体现。以初心换民心的情怀，全面打赢脱贫攻坚战，确保小康路上一个也不掉队。这是中国共产党人面对贫困交出的答卷。

湖南紧跟中央决策部署，致力消除贫困、改善民生，也实现了从温

★ 大型史诗歌舞剧《大地颂歌》（刘海栋 摄）

饱不足到全面小康的历史性跨越。

尤其是2013年，习近平总书记在湘西花垣县十八洞村首次提出“精准扶贫”理念后，湖南切实把脱贫攻坚作为重大政治任务、头等大事和第一民生工程来抓，推动湖南脱贫攻坚取得重大决定性进展。

“首倡之地有首倡之为。”精准扶贫的十八洞经验从湘西、湖南推广开来，取得显著成效。十八洞村的精准施策、“造血式”发展为中国提供了可复制、可推广的扶贫经验，也为世界减贫事业贡献了智慧。

摆脱贫困，一个世界性难题，在中国的伟大实践中，正升华为一曲时代颂歌。2020年，大型史诗歌舞剧《大地颂歌》将扶贫路上发生的真实人物和典型事例进行艺术创作，以湘西之事讲湖南，以湖南之事讲全国。展示了湖南“精准扶贫”的决心和精神，传递了湖南人民取得脱贫攻坚战胜利后的获得感和幸福感，立体呈现一幅波澜壮阔又极具人情温暖的精准扶贫的中国画卷。

1986年，一份来自湖南省邵阳城步苗族自治县的贫困调研报告，引起了中央主要领导的关注，批示各级党委对农村贫困现象要予以高度重视。

★ 十八洞村 2013 ~ 2020 年人均收入增长对比

正是这个批示，成为湖南扶贫事业的一个新起点。1986 年 6 月，湖南省在湘西召开第一次全省贫困工作会议，湖南省 20 多个县参加，时任湖南省委书记毛致用参加会议。就是在这次会上，首次提出在全省设立一个专属机构，专门负责扶贫工作。

1986 年 8 月，《中共中央国务院加强贫困地区工作的意见》提出，要将输血式扶贫转变为造血式扶贫。国家从松散的点对点扶贫，到开始陆续设立贫困县、贫困乡、贫困村，开始整体连片推进。中国自此开启了有计划、有组织、大规模的扶贫开发史。

2013 年，中国全新的扶贫理念——“精准扶贫”在湖南湘西十八洞村诞生。2013 年 11 月 3 日，中共中央总书记习近平来到十八洞村，走进的第一家农户是石爬专的家。

石爬专的两个女儿都已出嫁，她和爱人都不识字，也不懂汉话。64 岁的石爬专看到有客人进来，就按照苗族的礼节热情迎接，但怎么也没想到是习近平总书记来到她们家。

习近平握住老人的手询问年纪，听说老人 64 岁了，亲切地说：“您是大姐。”

★ 十八洞村（花垣县美丽乡村建设领导小组办公室 供图）

从“大姐”家出来后，习近平在村民施成富家门口的院坝（前坪）与村干部、村民进行了座谈，亲切地拉家常、话发展，拉着乡亲们的手，听村民们谈变化、讲困难、道实情，气氛热烈。

在村里的座谈会上，习近平提出“实事求是、因地制宜、分类指导、精准扶贫”的要求。由此，“精准扶贫”重要论述首次提出。在历史的时代大潮里，这个昔日藏于大山深处的乡村成为中国乃至世界的焦点。十八洞村的未来，就是中国战胜贫困向全球交出答卷的生动注脚。

湖南不辱使命。以十八洞村为样板，探索精准扶贫好路子，精心呵护绿水青山。2013 年以后的湘西十八洞村，鸟儿回来了，鱼儿回来了，虫儿回来了，更重要的是打工的人回来了，外面的客人也来了。

十八洞村的发展也一直牵动习近平总书记的目光。2016 年 3 月 8 日，十二届全国人大四次会议期间，习近平总书记参加湖南代表团审议时，就特意向来自湘西土家族苗族自治州的代表询问十八洞村的情况。习近平问得很细：“去年有多少人娶媳妇儿？”

一个被广为流传的是施六金找媳妇的故事。2014 年，原本在浙江等地打工 20 多年的十八洞村苗族小伙子施六金先是回了花垣县，在一

★ 2019 年，江华瑶族自治县经开区明意湖智能科技有限公司吸纳的 131 名贫困群众在扶贫车间工作（湖南日报记者郭立亮 摄）

个矿山打工。2015 年春天，在扶贫队长龙秀林等人的召唤下，施六金也回了十八洞村。种猕猴桃，开农家乐，当解说员，在水厂务工，施六金有了稳定的收入。

2018 年 9 月，44 岁的施六金结婚了！新娘是花垣镇花桥村的吴春霞，一个漂亮的苗族姑娘。堂屋门口贴着一副对联：致富感谢共产党，脱单不忘你我他。横批：我脱单了。

施六金的故事，十八洞村的故事，“魅力湘西”的变迁史，不仅是湘西州、湖南省，更是中国解决贫困这一“历史遗留”问题的缩影。

2017 年 2 月，湖南省扶贫办宣布十八洞村成为全省第一批脱贫摘帽的贫困村之一。2021 年湖南省政府工作报告显示，湖南省 5 年脱贫 477.6 万人，累计使 51 个贫困县全部摘帽、6920 个贫困村全部出列，绝对贫困和区域性整体贫困全面消除。

“东风好作阳和使，逢草逢花报发生。”湖南人不忘习近平总书记的殷殷重托，发扬“吃得苦、霸得蛮、扎硬寨、打硬仗”的作风，以初心使命为墨，以为民实干为笔，一笔一画努力书写精准扶贫的湖南答卷。

见微知著，湖南十八洞村的历史跨越，某种意义上，让世界看到，新中国成立特别是改革开放以来，中国共产党带领全国人民向贫困宣战，实现了7亿多贫困人口脱贫，占同期全球减贫人口总数的70%以上，成功走出一条中国特色扶贫开发道路，为世界反贫困事业提供了中国样本的现实。

中国统计年鉴显示，过去的7年间，精准扶贫推进了时代进程，中国大地上，成千上万个“十八洞村”的命运得到根本性改变。

从2012年到2020年，中国贫困人口减少了9000多万，相当于每分钟至少有26人摆脱贫困。

一个个让人激动的数据背后，深藏的是中国共产党人为脱贫攻坚事业鞠躬尽瘁的付出和以人民为中心的初心使命。黄诗燕，原株洲市政协副主席、炎陵县委书记，这是一位倒在扶贫路上的共产党员。2020年他被评选为“时代楷模”“全国脱贫攻坚模范”。在“感动湖南”年度致敬人物的颁奖辞中是这样描述这位共产党人的：画成诗明志，老区焕新颜的画卷里，题写的是共产党人的庄严承诺。人去燕留声，百姓奔小康的大道上，传唱的是人民公仆的无私品格。时代赤子黄诗燕，用生

★ 麻阳县和平溪乡新面貌（刘克兴 摄）

命兑现承诺的扶贫书记！

在中国大地上，有许许多多像黄诗燕一样的共产党员，他们扎根基层一线，奋战在脱贫攻坚的主战场，以苦干实干赢得了广大人民群众的赞誉，在新时代精准扶贫的伟大事业中诠释了责任和使命。

《大地颂歌》舞台剧，其开场是在《浏阳河》的音乐旋律里，人们的思绪被带入神州大地，人们凝视、倾听、拭泪。“支教的目的，是为了不再支教。”“要告别往昔，就要拼上全力，凿向那贫穷，争一口气。”“扶贫简单输血是不行的，关键是造血。”

一句句肺腑台词，触动内心深处的柔软。

每当我找不到存在的意义，
每当我迷失在黑夜里……

孩子们的歌声让人深思，让人心动，让人落泪，让人振奋。

这是湖南衡阳市祁东县启航学校留守儿童合唱团登上舞台时所唱的歌。这首反映留守儿童心曲的歌，在童声的演绎中，打动了无数观众的心，因之掌声经久不息。

天上有无数星星，每一颗星星都有它存在的意义，每一颗星星也都应该找到自己生存的意义。这正是中国精准扶贫的又一要义，让每一寸贫瘠的土地都能因地制宜，闪现光芒。

★

第　六　节

移动互联网梦想

大运河畔，烟雨江南。

2020 年 11 月，以“数字赋能 共创未来——携手构建网络空间命运共同体”为主题的第七届世界互联网大会在浙江乌镇举行，来自 20 余个国家和地区的 500 多名嘉宾，通过线上线下不同方式赴约，畅所欲言、激荡思想。

习近平总书记向论坛致贺信强调：“把握信息革命历史机遇，培育创新发展新动能，开创数字合作新局面，打造网络安全新格局，构建网络空间命运共同体，携手创造人类更加美好的未来。”①

未来已来。事实上，2021 年是互联网诞生 52 周年，也是中国全功能接入国际互联网的第 27 个年头。在人类的历史长河里，52 年只不过是沧海一粟，弹指一挥间。然而，互联网演进历程的这个时段，却日新月异，天翻地覆。无论是世界还是中国，或是互联网本身，都经历了波澜壮阔的大发展、大变革。

“海阔凭鱼跃，天高任鸟飞。”中国移动互联网赶上了好时代，也享

① 《习近平向世界互联网大会·互联网发展论坛致贺信》，《人民日报》2020 年 11 月 24 日。

★ 7个月建成的马栏山创智园（湖南日报通讯员 摄）

受了好政策。“互联网+”已深入各行各业，更深入的变革将接踵而至。而湖南在中国互联网领域扮演的是“异军突起”的角色。让外界瞩目的是，湖南省会长沙成为继北京、上海、深圳、杭州之后的“移动互联网产业第五城”。

与北、上、广、深互联网产业的发展路径不同，长沙作为后起之秀，在差异化发展方向上选择了以移动生活作为主要发力点，在电商、游戏、新媒体等领域，多角度呈现了互联网为可预见的移动生活场景带来的改变和创新。

而长沙的马栏山视频文创产业园正在成为中国视频产业的标识。这里将建设以数字视频内容为核心，以数字视频创意为龙头，以高科技为支撑，配套衍生数字视频等全产业链集群，打造具有国际竞争力的中国最大的视频基地——“中国V谷”。

2020年9月，习近平在这里考察调研时指出，文化和科技融合，既催生了新的文化业态、延伸了文化产业链，又集聚了大量创新人才，是朝阳产业，大有前途。

“我们不预测未来，我们创造未来。”这是互联网界的“名言”，移

★ 2019互联网岳麓峰会开幕现场（湖南日报 · 华声在线记者徐行、唐俊 摄）

动互联网用超乎想象的速度在影响世界、影响你我。

你好，未来！

北有中关村，南有马栏山。2020 年 9 月 8 日，来自全国的八方宾客云集马栏山，开启了又一次的长沙论道，这就是已经举办了七年的互联网岳麓峰会。

七年芳华，岳麓峰会宛若阳光少年，从岳麓书院出发、奔跑在长沙梅溪湖畔、跨入马栏山，一路成长，如夏花般绚烂。这天，全球瞩目，来自业界的大咖相聚岳麓峰会，互联网思维的火花与湖湘文化的积淀相互交融，在夏秋的转换季里迸发出绚烂光华，镌刻进湖南追逐互联网新时代的华章。

七年历程，被互联网浸润的岳麓峰会，一年一个新面貌，从最初“湖湘汇”小规模论坛到可云集万人的“国际展”，互联网岳麓峰会已成为移动互联网的行业性盛会和品牌。互联网岳麓峰会只是中国互联网行业蓬勃发展的缩影，某种意义上也见证了湖南互联网产业的异军突起。

时光倒退至 2011 年，中国互联网版图上还没有“长沙”这个地标。

长沙中电软件园——这一省市携手共建的国家级软件产业园，初开园时，只是孤零零地耸立在尖山湖公园旁，注册企业仅 50 余家。10 年时间过去，它的周围，座座高楼已经拔地而起。“移动互联网”因子在湖南集聚、裂变。

作为湖南移动互联网发展的领头羊，《长沙市互联网发展白皮书（2020）》数据显示，长沙互联网企业总数已达 32773 家，互联网发展指数为 271。北京、上海、广州、杭州、成都居中国互联网发展指数前五，长沙居全国第六位，在中部位居第一。其中长沙产业基础指数排名第十位，产业创新发展指数排名第六位，数字化指数排名第六位，区域吸引力指数排名第八位，新生态发展指数排名第七位。在互联网细化发展评判指标中，长沙也有不俗表现，经济出行水平、网红潮流水平、新生态消费水平均排名前十位。

从 GDP 数据上看，湖南省会长沙的产业规模从 2014 年的 70 亿元增长到 2019 年的 1050 亿元，湖南全省移动互联网产业 2019 年营业收入达 1326 亿元，同比增长 25.1%。六年时间发展出一个千亿级产业，湖南“跑”出了中部特色。

然而，不沿边、不靠海的湖南，缘何在短短时间内就崛起了互联网的湖南力量？首先不可否认的是，“敢为天下先”的湖湘文化基因与崇尚自由创新的互联网文化有“天然的契合”，这滋养出了国内有名的“互联网湘军”。这一批互联网精英人士构成了湖南移动互联网的“基本盘”，也为湖南本土互联网行业的兴起埋下了“春天的种子”。

据不完全统计，中国移动互联网领域精英人士中近三分之一是湖南人，一些耳熟能详的互联网企业家，不少来自湖南。如“微信之父”张小龙，来自湖南邵阳；IDG资本全球董事长熊晓鸽，来自湖南湘潭；58同城董事长兼CEO姚劲波，来自湖南益阳；金蝶软件董事长徐少春，来自湖南益阳；陌陌CEO唐岩，来自湖南娄底；快手CEO宿华，来自湖南湘西；映客CEO奉佑生，来自湖南永州……而在信息技术方面的院士，湖南籍贯的人数位列全国前四、中部第一。

身虽在外，可这些中国互联网界的湘籍企业家却心系故乡，互联网岳麓峰会的诞生，就是来自熊晓鸽的建议。说者有意，听者亦有心。2014年，湖南省政府主要领导在北京组织了一场湘籍人士座谈会。熊晓鸽在为振兴家乡献计献策时谈道，站在移动互联网的拐点，湖南有人才基础、有现实优势，全国移动互联网领域精英人士中近 1/3 是湘籍企业家，移动互联网时代应当成为“移动湘军”崛起的机遇。湖南通过迎老乡、回故乡、建家乡的方式，加快推动互联网企业和人才的集聚。

其次是湖南通过顶层战略设计打造的“政策洼地”，引来技术人才资金聚集，获得了“弯道超车”的机会。在中国互联网行业有个共识：湖南省政府是以“互联网的速度”出台了鼓励扶持政策，孵化了新兴的移动互联网产业。

2014 年是湖南移动互联网产业发展的分水岭。当年的春节过后不久，湖南省主要领导主持召开移动互联网产业专题会议后，仅仅 5 天，湖南省政府就发布了《关于鼓励移动互联网产业发展的意见》，又是仅仅 5 天后，《关于鼓励移动互联网产业发展的若干政策》新鲜出炉。同时，省、市、区各级政府则推出了“柳枝行动”等“真金白银”的扶持政策，提出连续 5 年每年提供 4 亿元产业扶持专项资金……

从湖南出台的鼓励扶持政策来看，湖南在全国范围内“快速迭代”到最重视移动互联网的省份之一。在中国资深互联网人士看来，其中一些政策扶持力度甚至强于部分移动互联网产业发达的地区，这让长沙

★ 湘江鲲鹏（人民网—湖南频道安娜 摄）

真正成为发展互联网产业的政策洼地。

一个具体的例子是引鲲鹏入湘。古人用鲲鹏之志形容志向远大。如今，华为以鲲鹏来命名，显示其在计算产业大展拳脚的雄心壮志。华为之志与长沙不谋而合。引鲲鹏入湘，长沙诚意满满：1 天完成工商注册，10 天完成土地审批转让，120 天完成厂房建设……从决定引入鲲鹏到项目落地投产，仅用了 8 个月时间。

如今，湘江鲲鹏打造了全国首个"硬件 + 软件"的鲲鹏生态基地，软硬一体，协同发展。在长沙"软件业再出发"的体系建设中，鲲鹏生态系统不仅承担着壮大长沙软件业的重任，还将在"三智一芯"等方面为长沙的优势产业全面赋能。

从湖南移动互联网产业的蜕变，再来看近 10 年中国互联网的发展，从乌镇的世界互联网大会，到长沙的中国移动互联网岳麓峰会；从国家数字经济创新发展试验区的打造，到各地对数字经济发展的尝试，这样的探索，花开各地，竞相争艳。湖南正是因为后起直追的拼劲，才更显出其中蕴含的可贵价值，以及潜藏的新经济土壤选择的区域意义。

曾几何时，马栏山里的芒果超媒在不断"烧钱"却看不到回报，难免会产生片刻的迷茫彷徨，但如今其不仅在一众平台深陷亏损时连续4年实现盈利，更以“主旋律＋年轻态”的内容自制的“王者”之姿引领行业风潮，到2020年芒果超媒成为国内文化传媒领域唯一一个千亿市值公司，湖南广电强势挺进“融媒时代”；兴盛优选成为估值超40亿美金的独角兽企业；土流网已成为全国土地交易第一平台，占有90%以上市场份额；问卷星成为国内最大的在线问卷调查平台；智慧眼覆盖全国20余省的社保、医保、金融、海关等领域，处于行业主导地位……

除新兴的互联网产业外，湖南传统产业也在热情拥抱互联网。山坡上，一台“无人驾驶”的挖掘机正在作业。数百米外，山河智能工业挖掘机制造厂的厂房里，一名挖掘机老司机坐在一个可移动远程遥控仓内，盯着眼前的实时视频画面，通过手中的操作杆，遥控操作着山坡上的那台挖掘机。

这是“5G+工业互联网”的一个应用场景，也是互联网与湖南经济社会方方面面深度结合的一个缩影。随着“长沙工业云”平台企业覆盖面逐步扩大，注册企业已近4000家。三一集团、中联重科等长沙大型

★ 芒果TV主办青春芒果节（湖南广播影视集团有限公司、湖南广播电视台 供图）

湖南广播电视台

★ 2019 年 9 月，以“计算万物，湘约未来”为主题的 2019 世界计算机大会在长沙梅溪湖国际文化艺术中心举行（湖南日报记者辜鹏博 摄）

骨干企业已将物联网、地理位置定位、智能感知等技术综合应用到产品中，大大改善了用户体验。给产业加入互联网“基因”，让生产被精准“计算”，已经成为制造大省湖南的“智造”新常态。

如今，中国乃至全球的互联网已进入竞争的“下半场”，那就是“拥有着定义未来的能力”。

从 2018 年开放了全国最大的 5G 全覆盖自动驾驶试车场，到 2019 年拥有全国最大的开放道路车联网覆盖和测试环境，再到 2020 年推动全球最大的智能网联应用落地，长沙的智能网联汽车高速发展，实现了从 1.0 到 3.0 的飞跃。长沙智能驾驶所实现的这一飞跃，归根到底是移动互联网人才的竞争结果。

移动互联网是新兴产业，也是属于青年人的事业，年轻人才是定义未来的关键。长沙市统计局数据显示，长沙市 2019 年常住人口新增 23.98 万人，排名全国第 7 位。其中近年净增人口中约 80% 为年轻人，这也正验证了湖南移动互联网会蓬勃发展的原因。

1994 年，中国正式接入因特网——用的是一根 64K 的国际专线。这被人认为是“中国互联网元年”。当下，中国互联网正如风华正茂的

★ 2021 互联网岳麓峰会在长沙开幕，本次峰会的主题是“智链新百年、云聚新高地”（湖南日报 · 华声在线记者童迪 摄）

少年，湖南互联网更如“早上的太阳”，跃升在万物兴盛的广袤地面。2014 年在岳麓书院举办的第一届“互联网岳麓峰会”上，6 位湘籍互联网企业家都吟诵过毛泽东的《沁园春 · 长沙》里的名句：

问苍茫大地，谁主沉浮？
携来百侣曾游。
忆往昔峥嵘岁月稠。
恰同学少年，风华正茂……

岳麓的风，湘江的潮。

第 七 节

精神的丰碑

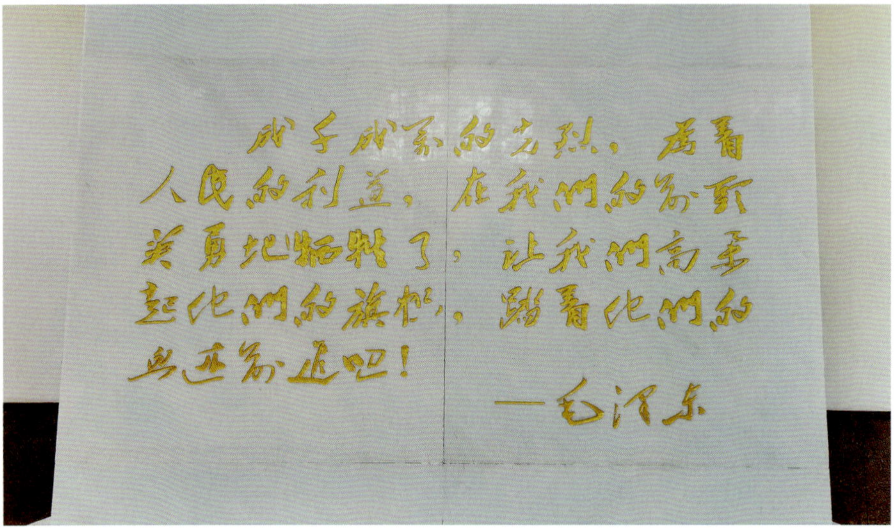

★ 毛泽东同志题词：“成千成万的先烈，为着人民的利益，在我们的前头英勇地牺牲了，让我们高举起他们的旗帜，踏着他们的血迹前进吧！”（隆清华 摄）

100 年前，中国共产党人承担起民族救亡的重任，高举中华民族伟大复兴的大旗，带领中国人民走上独立与解放的道路。如今，中国人民在实现中国梦的道路上砥砺前行，所有经历过的红色记忆并没有过时，而是成为中国人民获取力量的宝贵财富。

2013 年年底，习近平总书记在纪念毛泽东同志诞辰 120 周年座谈会上引用了毛泽东的经典名句，“我们共产党人好比种子，人民好比土地。我们到了一个地方，就要同那里的人民结合起来，在人民中间生根、开花”。中国共产党始终坚持为人民服务的宗旨，始终把维护和发展人民利益放在第一位。

万水千山，不忘来时路，走得再远，也不能忘记为什么出发。红色基因是联结过去、现在和未来的重要精神纽带。它不仅蕴藏着“从哪里来”的精神密码，更立起了“走向何方”的精神路标。

究竟什么是中国共产党人的红色基因？革命时期的红色基因是“鲜血”，中国共产党人为革命抛头颅、洒热血；探索社会主义建设道路时期的红色基因是“汗水”，红旗渠体现的是汗水浇灌出来的精神；改革开放和社会主义现代化建设时期的红色基因则是“坚守、忠诚、担当、干净”。

重温峥嵘岁月，赓续红色基因。党的十八大以来，党中央特别强调要传承红色文化、红色基因。习近平总书记多次强调，要把红色资源利用好、把红色传统发扬好、把红色基因传承好。

2021 年 2 月 20 日，习近平总书记出席党史学习教育动员大会并发表重要讲话时强调："在全党开展党史学习教育，是党中央立足党的百年历史新起点、统筹中华民族伟大复兴战略全局和世界百年未有之大变局、为动员全党全国满怀信心投身全面建设社会主义现代化国家而作出的重大决策。全党同志要做到学史明理、学史增信、学史崇德、学史力行，学党史、悟思想、办实事、开新局，以昂扬姿态奋力开启全面建设社会主义现代化国家新征程，以优异成绩迎接建党一百周年。"[①]

人无精神则不立，国无精神则不强。把红色基因融入干事创业的行动之中，以新时代的内涵拓展、升华红色文化，创造出属于我们这一代

① 《学党史悟思想办实事开新局 以优异成绩迎接建党一百周年》，《人民日报》2021 年 2 月 21 日。

人的红色精神，这是新时代红色文化传承和发展的重要使命。

湖南是一方红色热土，大批共产党人在这片热土上谱写了感天动地的英雄壮歌。把湖南这段光荣而璀璨的历史，书写成新时代迈向高质量发展浓墨重彩的篇章，既是属于湖南人的自豪，更是湖南人的责任。

传承一代又一代人的精神和担当，不是简单的复制，红色基因正在焕发时代的光芒。信仰之火熊熊不息，红色基因融入血脉，红色精神激发力量，新时代的长征路，创造新的辉煌。

“知道此行凶险，已抱必死之心，始明不惧之志。如果我命数至此，死在了疫区，就把我的骨灰无菌处理后撒在长江里，让它漂回湖南，报答、陪伴我的祖国。”

郑能量，“90后”长沙志愿者。在2020年初抗击新冠肺炎疫情中，郑能量驾着“湘A”牌照私家车，奔赴新冠疫情暴发地武汉，成为一名志愿者司机。2020年3月，他在武汉疫情前线加入中国共产党。他在朋友圈写下的这段话感动了无数人。2020年，他被评为“全国抗击新冠肺炎疫情先进个人”。

★ 《湘江评论》主题雕塑（修业学校 供图）

湖南人曾国藩曾说，一省之风气，取决于数人。郑能量的举动，让人想起100多年前的湖南浏阳人谭嗣同，“自古以来，未有不流血而能成大事者。我愿流血以待后人”。

从谭嗣同开始，湖南成为年轻人的舞台；也从谭嗣同的担当开始，“不怕死”成为湖南人的标签。这也引出一个经久不衰的话题：湖南人精神中最重要的特质是什么？

100多年前，在一本署名“湖南人之湖南”的《新湖南》小册子里，湖南维新派人物杨毓麟说：“湖南者，中国之一部分，新湖南者，畔全体而裂其一部者也，非能畔而裂之，则亦不能缝而完之……故吾党欲新中国必新湖南。”[1] 湖南人的责任与担当意识，在一百多年前的湖南人身上“何其强烈”。

一代伟人毛泽东是湖南的精神符号之一。1919年8月，毛泽东在当时的进步刊物《湘江评论》第四期中写道：“天下者我们的天下。国

① 张丹、王忍之编：《辛亥革命前十年间时论选集》第二卷下册，生活·读书·新知三联书店1960年版，第643页。

★ 长沙市芙蓉区修业学校学生制作的版画《湘江评论》（修业学校 供图）

家者我们的国家。社会者我们的社会。我们不说，谁说？我们不干，谁干？”[1] 事实证明，《湘江评论》影响了湖南的许多进步青年，如刘少奇、任弼时、萧劲光等，就是在这本刊物的直接影响下开始觉悟，走上革命道路的。

或许是陈独秀已经看到了《湘江评论》的蓬勃之气，或许是毛泽东给他留下的不凡印象，1920 年 1 月，刚出狱不久的陈独秀针对新一代湖南青年写了《欢迎湖南人底精神》一文，文章写道：“我们欢迎湖南人底精神，是欢迎他们的奋斗精神。”[2]

“星星之火，可以燎原。”湖南人骨子里的担当和奋斗精神，在时代的风云际会里。中国革命的星星之火，就是在湘赣边界的罗霄山脉点燃的；湘南暴动、平江起义、秋收起义、桑植起义等，无数革命先辈舍生忘死、向死而生；在湖南这块英雄的土地上，留下了“断肠将军”陈树湘的壮怀激烈，留下了“杀了夏明翰，还有后来人”的凌然正气，也留下了

---

① 中共中央文献研究室、中共湖南省委《毛泽东早期文稿》编辑组编：《毛泽东早期文稿》，湖南人民出版社 1990 年版，第 390 页。

② 《陈独秀文集》第一卷，人民出版社 2013 年版，第 556 页。

★ 湖南烈士纪念塔（隆清华 摄）

“半床被子”的鱼水深情。

湖南作为中国共产党和中国革命的重要策源地，在这片红色土地上，有15万名在册革命烈士，领导发动桑植起义的贺龙元帅宗亲中有名有姓的烈士多达2050人。革命老区县达95个，占全省县市区的78%，遍布着如中共韶山特别支部历史陈列馆的革命文物和红色资源，是中国革命的重要历史见证，已成为一座座闪光的“红色基因库”。

毛泽东、刘少奇、任弼时、彭德怀、贺龙、罗荣桓等老一辈无产阶级革命家给我们树立了光辉的榜样。毛泽东要求子女亲属拥有四项“特权”：为革命牺牲的特权、饱受苦难的特权、被执行纪律的特权、艰苦奋斗的特权；任弼时生前有“三怕”：一怕工作少，二怕麻烦人，三怕用钱多；徐特立以“三不要”为座右铭：一不要有特殊思想，二不要有优越感，三不要脱离群众；许光达大将有“让衔、让级、让位”的佳话；黄克诚大将有“三不准”：不准动用公家汽车，不准找工作人员帮自己办事，不准靠我的什么关系、后门。

目前，湖南省已查明的不可移动革命文物达1700余处，其中全国重点文物保护单位59处，革命博物馆、纪念馆66家；各级爱国主义教育基地470余处，数量居全国各省区市第一。

2021年是中国共产党百年华诞，也是“十四五”开局之年，红色基因将在三湘四水绽放出更加耀眼的时代光芒，汇聚成奋力建设现代化新湖南的强大动力。

可以说，一部湖南的中国共产党人的历史，就是为民族谋解放、为人民谋幸福而前仆后继、英勇奋斗的历史。湖南人作为一个革命群体浮出历史地表，这片热土也被深深打上红色的烙印。

从谭嗣同开始，陈树湘、夏明翰等一批批时代的先锋，在三湘四水的舞台上，展示了中国人不屈不挠的精神。他们的理想信念里只有国家与人民，只有忠义与担当。

湖南以党史照亮前行之路，以党史洗涤心灵之尘，以党史激发奋进之力。

不同的时代有不同的特点，但每个时代都呼唤自己的英雄，湖南这片热土从来不缺少自己的英雄。

说到湖南，从来就不缺少英雄的名。

鲁迅曾说：“我们自古以来，就有埋头苦干的人，有拼命硬干的人，

★ 郴州市汝城县文明瑶族乡沙洲瑶族村“半条被子的温暖”专题陈列馆内红军标语纪念展陈（傅黎明 摄）

有为民请命的人，有舍身求法的人…… 这就是中国的脊梁。”一切仁人志士是中国的脊梁，革命先烈是中国的脊梁，奋斗在平凡岗位无私奉献的人是中国的脊梁，这些也构成了湖南人的精神底色。

“山因脊而雄，屋因梁而固。”湖南精神的界标是有脊梁的，这个脊梁就是民族精神和时代精神，就是社会主义核心价值体系这一兴国强省之魂。忠诚，担当，求是，图强——2012 年 12 月 11 日，“湖南精神”表述语正式向社会公布，这不是从无到有的赋予，而是千年积淀的迸发。

湖湘文化以其“大江东去，无非湘水余波”的恢宏气势，在悠远的历史积淀中孕育出激昂的“上下求索”精神、赤诚的“心忧天下”情怀、深厚的“经世致用”学风和“为有牺牲多壮志，敢教日月换新天”的责任担当。

伟大的时代，需要伟大的精神。岳麓山下，湘江水畔，橘子洲头，湖湘先贤的足迹虽然渐渐远去，但其忠义与担当的血液依然在后人的骨子里流淌。今天，世界处于大发展、大变革、大调整的百年未有之大变局中，实现中华民族伟大复兴的中国梦，更加需要我们传承、发扬湖南精神。

2019年新年贺词里，习近平总书记提到了一串“闪亮的名字”，称他们是“新时代最可爱的人”，永远值得我们“怀念和学习”。其中有两位湖南人——张超、姜开斌，他们均为新时代的革命烈士。

从张超跳伞负伤到牺牲，团长张叶一直陪在他身边。张叶清楚记得张超说的最后一句话：“团长，我是不是要死了，再也飞不了了？为了国家……”飞机的故障没容他把话说完全，悲壮的事情便发生了！张超，湖南岳阳人，海军舰载航空兵部队一级飞行员，是为我国航母舰载机事业牺牲的第一位英烈。2016年4月27日，张超在驾驶歼-15舰载战斗机训练时，飞机突发电传故障，在机头上仰近90度的情况下，他想到的仍然是尽最大努力保住战机，以最后一搏献出了年轻生命。

姜开斌，湖南常德人，1989年从海军某部机电长的岗位上转业，回到家乡湖南省常德市物价局工作，直到2016年12月退休。转业回家30年，姜开斌一直把两身洁白的海军服珍藏在箱子里，每年拿出来晒一晒。姜开斌没有想到，有一天大海会再次向他发出召唤——2017年年底，七六〇研究所国家某重点试验平台需要一批经验丰富的技术人员。国

★ 中南大学湘雅三医院援鄂医疗队出发前合影（尹国富 摄）

家的需要，就是当兵人的使命。年已花甲的他，告别家人，跨越千里，来到他眷恋一辈子的大海边，把自己再一次交付给了国家，带出了一支高水平的队伍，漂亮地完成了一个又一个高难度任务。2018 年 8 月 20 日，当台风袭击他工作的码头，当巨浪拍打着他倾注心血的试验平台的时候，他冲了上去……

“我年轻，我能扛，让我去！”在打赢新冠肺炎疫情阻击战中，湖南一批批 90 后医务工作者主动请缨，到前线去，到抗疫一线去，到人民最需要的地方去。这一群最美逆行者用实际行动担当起时代的重任！

新时代的张超、姜开斌、抗疫英雄又一次证明，湖南人的精神历经百年，代代传承。这是一种拳拳的报国之心，这是一种慨然以天下为己任的强烈使命感，这是一种强大的社会意识潜流和深厚的历史积淀，几乎无须太多的动员与号召，只要国家需要，一代又一代湖南人就会激励出巨大能量，挺身而出，为国家、为民族而战。

“一个时代有一个时代的使命，一代人有一代人的担当”，从根本上来说，担当精神的本质内涵是恒定的，真正的担当就是不辱历史使命、不负人民重托。有人说，湖南的红色基因绝非抽象的概念，更不是尘封于故纸堆里的遗存，而是共产党人精神与信仰的密码，演变为现代化湖南的气质，更是新时代追梦的“心”之动力。

从站起来到富起来，从富起来到强起来，中华大地呈现出历史性的伟大飞跃，这也是千万中华儿女精神气质焕然一新的风雨历程。对于近7000万湖南人民而言，将“三高四新”确立为引领湖南的发展战略，彰显着服务“国之大者”与发挥湖南优势的紧密结合，以“湖南之为”贡献“中国之治”，以“湖南之答”回应“时代之问”，以湖南一地一域的繁荣发展助推民族复兴的伟大事业。

沧海桑田，芳华璀璨。梦想那么远，梦想又这么近。因为我们看到，湖南人民用锐意开拓、追梦圆梦的坚定步伐，踏着强劲有力的时代鼓点，凝聚起蓬勃向上的精神动力，呈现出蓬勃向上的湖湘气质。

洞庭是天下的粮仓，湖南是英雄的土地。在这片土地上，注定要结出中华民族伟大复兴的丰硕之果！

看万山红遍 听历史涛声

跋

1921 年那场“开天辟地大事变”后的第四年，毛泽东回到了湖南。站在留下过青春身影的湘江边上，回想起同学少年的件件往事，他心潮澎湃，挥毫写下了著名的词作《沁园春·长沙》:“独立寒秋，湘江北去，橘子洲头，看万山红遍……”

后人在解读 32 岁毛泽东的这首词时，总有一种激情荡漾心头，认为这首词昭示了他所追寻的伟大事业的辉煌结局，也展现了中国革命的美好未来，甚至是中国国运转折的最见成效的呐喊。这声呐喊，至今仍响彻云霄，让一代又一代的中华儿女热血沸腾。

中华崛起，喜看万山红遍；

百年变局，风景这边独好。

这是当下的中国，这是历经百年沧桑，发生了天翻地覆变化，由站起来、富起来进至强起来了的中国！

2021 年，注定是个不平常的年份。在经历了全球性新冠肺炎疫情冲击后，中国以让世界惊愕的全国性有效总动员，率先走出了病毒肆虐的泥淖，以全球主要大国中经济唯一正增长的国家身份成功亮相于国际，而且整个世界为中国的 2021，做好了高增长快发展的预期与准备，即使是那些横竖不待见中国崛起的国家，也不得不在所有的场合将中国的发展动态变成他们琢磨的对象。

这是一个什么样的国度？中国的神奇、中国的伟大；中国的活力、中国的美丽。如果不从中国的体制去寻找缘由，任何天才的智库，都是得不出正确的结论来的。

而中国体制的核心，就是中国共产党领导。中国道路自信、理论自信、制度自信和文化自信，全部根源都是这个百年大党对中华文化和中国特色的提炼和萃取。

2021 年 2 月 20 日，在北京召开的党史学习教育动员大会上，习近平总书记强调，在一百年的非凡奋斗历程中，一代又一代中国共产党人顽强拼搏、不懈奋斗，涌现了一大批视死如归的革命烈士、一大批顽强奋斗的英雄人物、一大批忘我奉献的先进模范，形成了一系列伟大精神，构筑起了中国共产党人的精神谱系，为我们立党兴党强党提供了丰厚滋养。

这是对这个时代的最好回答，这是对中国发展和伟大前程最动听的归纳。

1921 年的毛泽东与何叔衡是如何从长沙出发，乘坐什么样的交通工具离开湖南到达上海的，史无细节记载。但正是这“无细节”的细节，深深地刻写在中国历史的典籍中，成为一种永恒。

毛泽东、何叔衡作为中国共产党成立之初的湖南代表，他们的背后，当时确实没有“代表”多少人，全国也就50多位共产党员。但是，他们代表的是未来，代表的是未来一个万山红遍的新中国。

岁月是难忘的，历史也是艰辛的。正像金一南所言，“红船”会议结束，并非从此升起了金红色太阳，从此霞光万道，中国从此走入了共和国欣欣向荣的新天地——不是这样，绝不是这样！中国革命的路途充满了艰辛，充满了苦涩，充满了不确定性。中国共产党所领导的革命征程，一路走来，历经了无数的苦难，才至于辉煌的今天。

是的，诚如金之所言。

中国共产党1921年7月成立，到中共二大、三大、四大、五大、六大，连续、不定时、无规则的召开，中国共产党前六次全国代表大会在七年里就开完了。而中共七大的召开，则是14年之后。就会议地址而言，上海、广州、武汉、莫斯科，会址的不确定性，亦可折射出党创建和革命年代的那份漂泊与危急。——由此可以见出这个百年大党一路走来的艰辛与不易。

但这同时也恰恰表明了这个百年大党的伟大。

在与历史同行的过程中，中国共产党成了中华民族争主权、争独立、争解放的中流砥柱，成了组织和号召民众觉醒、励志、团结、奋斗的擎天巨石。而诸党员在与组织同行的过程中，一批又一批的优秀儿女加入其中、汇入洪流，加持力量、汇聚智慧，这才使得中国共产党由当年的50多名党员发展到了今天的拥有9000多万党员的世界第一大执政党。

到中流击水，浪遏飞舟。

毛泽东在写这首词时一定想到了祖逖北伐的故事。祖逖不愿意看到国家江河日下的景象，因而号召各路豪杰常怀振兴之志，舟行中流而以桨击水，高喊如收回中原无望，则有如大江东泻。一腔大志的毛泽东"到中流击水"的召唤，率先邀得了湘江之畔的一批人文志士、青年学子，是他们的觉悟，最初唤醒了湘江的涛声，点燃了麓山的丹色。

从此，以毛泽东为代表的湖南籍青年群体，由课堂而战场，由义士而战士，他们用生命的激情把井冈山的火把点燃了，用革命的理想把长征路上的群山照亮了，用中流击水的气概把日寇驱逐出境并接续地取得了解放战争的伟大胜利，让中国人民从站起来到富起来，进而走上了强起来的伟大道路。

这是一个百年奋斗的历程。

在这一历程中，一连串闪光的名字，让我们骄傲无比、热爱崇敬。他们是毛泽东、刘少奇、任弼时、彭德怀、罗荣桓、贺龙、左权、胡耀邦、王震、张震、宋任穷、杨勇、钟伟、郭亮、杨开慧、夏明翰、蔡和森、雷锋、欧阳海……

而在湖南烈士公园，我们看到的名字，其实都不是上面的这些，更多的是普通人，而这些"普通人"，都有一个共同的特点，他们都是共产党人。他们有的留下了照片，我们因之知道他们都是一些年轻人。如果没有湖南烈士公园的记载，我们都不知道他们姓啥名谁。这些革命先烈，用自己的血肉之躯，撑起了我们"站起来"的堂堂身影与不屈脊梁。

由站起来、富起来到强起来，湖南人在这百年历程中所付出的，这里的土地记得，这厢的江河记得，这片土地上的人民记得。

一百年的过往烟云，湖南人的奋斗、湘江两岸的涛声，一直不息地拍打着中国气概的千里长堤，其所卷起的滔天浪花，理应汇入中国时代的交响音诗；其所高扬的革命理想，当然应该成为我们珍之为宝的定海神针与价值指南！

行走在湖南革命历史博物馆的长廊里，我们满眼装载的就是这样的一种壮烈与悲怆。

在"站起来"的抗争中，一批优秀的湖南籍共产党人，怀着理想、带着憧憬、扛着大义，告别了年轻的人生。他们以青春的美好告别了亲人，永别了世界，他们永生了，永生在老百姓的田地里、宗祠里，心里、怀里、梦里和绵长的记忆里！

在“富起来”的奋斗中，榜样们一一闪亮登场。这些平凡的榜样，本就在我们身边，他们的一举一动，无不浸透了湖湘文化的特有气质：有胆走天下，敢为世人先。在三湘大地上，他们以自己的汗水与付出，绘就了最美的画卷，建设了最美的家园！

在“强起来”的伟大进程中，湖南人浩气长天、行业称雄，他们的努力让“去太空”变得更牢靠，让“回地球”变得更安全。工程机械、轨道交通装备及航空航天产业集群，这一切的一切，正成为“高地”之帜，成为科技新湖南的标识！

这是个英雄辈出的时代，这也是个必将产生英雄的时代。

湖南，有史以来，从来就不缺少英雄。

而英雄，就是内含着高贵品质的时代精神体现者。英雄人物是那种具有高昂主体意识的人们，自觉地从肤浅而平庸的生活常态中脱颖而出，这种自觉的蜕变所释放的能量，使得他们有声有色地走向历史舞台的前沿，而成为后人们所景仰的英雄。

在湖南，这样的人，不是一个两个，而是一个群体，是一方山水养育的千千万万人。他们是一批胸怀壮志的人，他们是一批敢教日月换新天的人。在这一批复一批英雄群体拼搏身影的背后，是我们所看到的“万山红遍”的壮美图画，是我们景仰的“湘江北去”的奔腾浩阔。

习近平总书记深刻指出，一百年的非凡奋斗历程中，一代又一代中国共产党人的队伍里，涌现了一大批视死如归的革命烈士、一大批顽强奋斗的英雄人物！

呼唤英雄，是我们对历史深情的凝望；仰望英雄，是我们对未来厚重的托付。

大江拍岸，千古风流千古史；

洞庭扬波，百世伟业百世闻。

在过往的百年历程中，活跃在三湘大地上的英雄和模范人物，以其历史强者的巨大身影留驻在英雄群聚的时代画册里，融入社会主义核心价值观的基因体系中。

英雄已经逝去，他们的伟岸与英姿，走进了纪念碑和雕像群，走进了音乐美术、戏剧电影，走进了林林总总的教材和课堂，也将走进湖南精神的概括与表述，走进惟楚有材、于斯为盛的岳麓书声。

榜样继续存在，他们的精神风貌，他们的举止言谈，继续影响着你我，激励着周边。他们是我们时代的标兵，是我们生活的范式。他们用汗水写成了文章，把生命燃成了激情，把理想变成了蓝图，把意志化成了攻坚的利器——为了中华民族伟大复兴中国梦的实现，他们正意气风发地走在伟大新时代的阳关大道上。

这条大道，留下过毛泽东等老一辈革命家关注的目光，留下过英雄人物舍身成仁的崇高背影，留下过时代楷模真诚付出的辛勤汗水，留下过一代又一代共产党人寻梦、筑梦的不舍追求……

三湘儿女的百年拼搏史，证明了中国共产党领导下的奋斗历程，是如此的辉煌、如此的伟岸；

三湘儿女的未来“赶考”之途，将成为中国共产党立党初心的完美体现，见证“毕业考卷”的圆满高评。

我辈有幸生中国，

天地同力庆成功。

后记

《万山红遍：百年大党的湖南征程》是湖南省地方志编纂院2020年底启动的一项图书出版工程，旨在向中国共产党诞辰一百周年献礼。该工程启动后，很快被列为2021年度湖南省社科基金重大委托项目，并获得人民东方出版传媒有限公司（东方出版社）的选题立项。著名党史专家陈晋、罗平汉、杨凤城欣然担任项目顾问。各方对该项目的支持，均是对湖南省地方志编纂院的关心、鼓励和鞭策。

2020年底，湖南省地方志编纂院党组决定启动这个项目，即聘请了熟悉党史、湖南地方史的知名文化学者和专家与院项目组一起，多次讨论选题内容，明晰篇章结构，前后经过了8次专题研讨会，确立各篇章的主撰人选。具体写作分工，由江涌主编，统筹全稿布局和审读，确立全书各篇章内容权重。一清为本书总撰稿，具体分担了《引言：湘江北去》，《站起来》、《富起来》、《强起来》序诗，《跋：看万山红遍 听历史涛声》及书中30个副线故事的撰写。赵涛、田丰、黄琪晨分别担纲第一篇《红色热土》、第二篇《砥砺潇湘》、第三篇《追梦圆梦》等全书主体内容的撰写。彭楚筠、杨盛让、隆清华负责书稿统筹，隆清华、阳雍悦、易可倩担任了包括文稿整理、会议组织、图片收集、版权处理等在内的所有编务工作。这里特别要提到的是，东方出版社的姚恋、李志刚为本书的出版付出了巨大的努力，特此致谢。

编　者

图书在版编目（CIP）数据

万山红遍 ： 百年大党的湖南征程 / 江涌主编 . --
北京 ： 东方出版社 , 2021.7

ISBN 978-7-5207-2103-5

Ⅰ . ①万… Ⅱ . ①江… Ⅲ . ①中国共产党 - 地方组织
- 党史 - 湖南 Ⅳ . ① D235.64

中国版本图书馆 CIP 数据核字 (2021) 第 047344 号

本书收录的照片，得到了新华社、湖南日报社、湖南地图出版社、湘潭大学等相关机构的授权，书中美术作品来源于《新中国艺术经典·革命历史美术精品》《新中国艺术经典·英模形象美术精品》（东方出版社），同时感谢刘克兴等同志的支持，在此表示衷心的感谢。虽竭力解决图片版权，但难免挂一漏万，请相关权利人看到信息后与我社联系，我们将按照《著作权法》的相关规定支付费用。联系人：李志刚，联系电话：010-85924719。

封面用图审图号：湘 S（2021）055 号

万山红遍：百年大党的湖南征程
(WANSHAN HONGBIAN BAINIAN DADANG DE HUNANZHENGCHENG)

策　　划：姚　恋
责任编辑：张洪雪　李志刚
出　　版：东方出版社
发　　行：人民东方出版传媒有限公司
地　　址：北京市西城区北三环中路 6 号
邮　　编：100120
印　　刷：北京雅昌艺术印刷有限公司
版　　次：2021 年 7 月第 1 版
印　　次：2021 年 7 月第 1 次印刷
开　　本：710 毫米 × 1000 毫米　1/16
印　　张：23
字　　数：210 千字
书　　号：ISBN 978-7-5207-2103-5
定　　价：128.00 元
发行电话：（010）85924663　85924644　85924641